CUENTOS TRAVESTIDOS

CUENTOS
TRAVESTIDOS

Ernesto Rojas Suárez

UNOS & OTROS

EDICIONES

Título: *Cuentos Travestidos*

Autor: Ernesto Rojas Suárez

Edición y Maquetación : Armando Nuviola

Diseño de portada: Armando Nuviola

ISBN 10: 0999870793

ISBN13: 978-0999870792

www.unosotrosculturalproject.com

UNOS & OTROS

EDICIONES

infoeditorialunosotros@gmail.com

Made in USA, 2018

Índice

Cuento travestido 7

La Natilla 10

Cobarde 15

Tumora 17

Pa de dux 20

Alegre despedida 26

Muchacha amanecida 28

Cruce de calles 30

Juventud, divino tesoro 33

La oda de los jimaguas.................35

La gran recepción 37

En la caja de herramientas 40

Dictado.......................................42

El tiempo 45

Segunda taza de caldo..................54

2012, Romeo y Julieta 55

Cien fotos de quince años 57

El secreto............................66

Escultura de un potro herido.......68

El estreno 83

Historia del héroe insignificante...82

Tres letras, seis párrafos y una
 oración resuelta 86

1

CUENTO TRAVESTIDO

La pareja ondea en el malecón como una bandera de un país desconocido, los vientos alisios le dan esa apariencia y los hace diferentes al resto de los transeúntes que por alguna razón no son afectados por los tropicales vientos. Solo ellos dependen del clima. Se sientan en un segmento del muro distinto al resto de los espacios y tiñen los contornos de sepia.

Con exquisita cortesía él se quita el bombín y la ayuda a elevarse el metro y algo necesario para colocar las achatadas nalgas en el improvisado banco corrido del litoral. La falda color chocolate de conservador diseño, empasta a la perfección con el ojal del escote, este bordea los ampulosos pechos de la persona más importante de la tarde. Eso indica las atenciones de las que es objeto.

Ella sonríe con donaire en agradecimiento y extiende la venosa mano al caballero que dentro de su impecable, pero raído traje, contiene la más delgada osamenta sospechable dentro de los zapatos de dos tonos, los más grandes pies con dedos gordos inimaginables y en el rostro, la más picara mirada posible.

Fuera de las luces envejecidas del matrimonio, el malecón es lo que es, o casi lo que será al oscurecer, una jungla de mercancía erótica y acéfala. Mujeres a buen precio, hombres con descuento, paquetes de hombres y mujeres juntos, pares de ambos sexos, mujeres empaquetadas en cajas de hombres y hombres cuidadosamente envueltos en papel celofán. Pero lo más exclusivo entre la variada mercancía es sin dudas el espejismo, la sorpresa, las *mujereshombre* o *sorpresas de plátano* clínicamente clasificados como travestis.

Desde siempre han existido los travestis, pero antes el encanto consistía en no aparentarlo, ahora lo *chic* es *afocar* hasta la ofensa.

Ella es rabiosamente rubia, rubia intensa, peróxidamente blonda. Encajándose en el suelo dieciséis pulgadas de tacón rojo atado a los tobillos. De los tobillos al moño oscilan ciento ochenta y dos centímetros de accidentada anatomía, montañas gemelas, mesetas de a dos, ríos secos y una amarilla cascada nacida del cráneo. Bajo el moño un enorme signo de interrogación.

No hay hormona masculina que no vibre a su aparatoso paso, una inmensa fila de genitales erectos baila un *french can can*. Algunas hormonas femeninas liberan sin querer envidia de la mala, esa que busca en el hueso cercano a la glotis, en el largo de la falda, en la exagerada voluptuosidad o en la dudosa moral una mancha que vencedora demerite el éxito de la mujer estrella.

Con tanto espacio es una maldición que escoja uno justo al lado de la pareja augusta color historia, enseña una nalga al subirse al muro y los mira inocente.

Ellos responden sin vacilar. La falda carmelita con miedo en las órbitas, el pícaro trajeado con deseo abundante y traslucido de semen atrasado. Ella sabe que a él siempre le gustaron las cosas raras, él sabe que ella esta vencida por los relojes, que perdió el morbo un día de lluvia al bostezar con voz ronca de cigarrillos.

La rubia abre las piernas sin disimulo para mostrar a la tarde, la concha negra con la que da de comer a sus dos hijos, con la que compra la leche de su viejita querida, su yeyita. El hombre abre el pantalón y se escapa un pequeño, canoso, muerto, resbaloso pene de hacer daño y robar sueños. La del escote feo enloquece, salta al centro del ruedo, golpea a ambos con sus tetas falsas y sacando un miembro inmensamente viril grita: ¡Puta barata de mierda, yo soy más vieja que tú en esto!

Los demás animales del bosque, eufóricos gritan: ¡Duuura!... ¡Perraaa!

La madre rubia, llorosa, corre avergonzada. Aparentar a veces es peor que ser.

2

La Natilla

La leche de vaca acabada de ordeñar tiene un sabor especial que no se encuentra en la que se compra en el pueblo. Dicen que los procesos de envase cumplen todas las normas habidas y por haber, que queda esterilizada, sin gérmenes que dañen la salud humana.

Pero la leche extraída manualmente de la teta de la vaca, hervida con leña en medio del monte en calderos de culo negro, es inigualable. Todo parece indicar que en las impurezas que escapan al rudimentario proceso, en el humo de la hoguera, es donde se encuentra el sabor. No es extraño, así son la mayoría de las cosas deliciosas del mundo, traen peligros.

La natilla de abuela era hecha con leche de la de verdad, huevos robados del nido cuando la gallina se distraía —así tendría un toque de prohibido—, cascaritas de limón, harina de uno de los molinos del Quijote, ralladura de canela para decorar y otro secreto, condimento que solo ahora me atrevo a revelar, lágrimas de pobreza.

Unas gruesas gotas del fluido sentimental aportaban al caldero el toque diferente. Siempre tuvo motivos de sobra, motivos para regalar y vender. Meticulosamente guardaba en un pomo de boca ancha las penas de la semana para hacer natilla los domingos en la tarde. Con acuosos ojos de búho lavaba el cazolón de hierro, que con negritud africana mostraba sus entrañas reclamantes, de impecable brillo interno para asombro de todos. Luego encendía la hoguera frente a la mata de Anón con gajos secos que recolectaba en sus limpiezas del patio, con paciencia de museólogo inventariando joyas augustas de la naturaleza. Se acercaba a Primavera, que así se llamaba la proveedora y conversaba con ella en la lengua de los animales mansos. La mamífera miraba a la izquierda y abuela a la derecha, la rumiante se meaba y abuela escupía, esa era la señal para comenzar el sagrado acto del ordeño. Muchas veces Rubén exprimió las ubres de sus primas para ver si salía algo, inclusive apretó las propias para saber que se sentía, pero al parecer ese placer era asignado solo a las vacas. Dios las bendecía con una frase, así como: «creaciones mías, os joderéis, porque leche daréis cuando os tiren de las tetas».

Al terminar se dirigía al ansioso recipiente y vertía el maná blanco hasta hacerlo hervir al calor de las llamas. Llamas anaranjadas, amarillentas, azulosas y transparentes luces multicolores que recordaban historias del infierno. Ya el niño sospechaba que sería un gran pecador y se propuso aclimatarse al calor destructor que antecedía a la natilla. Se torturaba un dedo, una uña, más tarde una oreja, tanteando poco a poco, hasta acercar los ojos a las llamas.

Mientras la leche hervía, la harina era tamizada y diluida en un jarro con agua limpia, recogida en un balde desde la parte alta del arroyo, la parte donde los jóvenes no subían a hacer sus cochinadas de púber y solteros feos. Los grumos desaparecían convertidos en amarillenta crema que luego era pasada por el colador, dejando en la diminuta red de hierro, pelotitas de harina muy pequeñas con las que el niño hacia esculturas, casas, muebles y otros tesoros de la ingeniería industrial, su idealizada profesión.

Los huevos eran batidos vigorosamente, Rubén practicó eso y aprendió lo frágiles que solían ser. Se mezclaban los embriones con la crema de harina, se endulzaba a ojo de buen cubero la leche y cuando empezaba a subir la espuma se derramaba encima la crema, revolviendo hasta que el olor avisara. Hay gente que tiene un don divino para saber por el olor, cuándo las cosas se pasan de tiempo.

Rubén creció alimentado exclusivamente por la natilla de su abuela. Cada domingo la canosa señora servía catorce jícaras del dulce para el niño y cuatro platillos para brindar a las visitas. Las visitas eran Eneida, Eneida, Eneida y Eneida, la viuda carnosa madrina de su nieto huérfano. Si no fuera por la ayuda de la poderosa Eneida, en esta casa vivirían solo cucarachas. La enlutada dama era cariñosa con Rubén como con nadie. Siempre aparecía en el portón con un olor a flor de muerto que él nunca olvidó. Por mucho que él se escondía, lo abrasaba y con su rojísima boca de camello envolvía los tiernos cachetes en un pegajoso beso, más que un beso parecía un abrazo de serpiente, rozando la lengua y suspirando de manera exagerada, apasionada, tremebunda y asquerosa. Luego del saludo la inquisidora frase de siempre: «Ese niño crece por día, mira lo hermoso que está».

Luego con su gran mano descendía dentro del *short* hasta más abajo del ombligo y preguntaba con sorna.

—¿De quién es esta cosita rica?

La respuesta era obligatoria:

—De madrina.

Las carcajadas estridentes de la visitante y los labios apretados de abuela cerraban el dialogo dejando al muchachito angustiado por la inminente perdida futura de una parte de su cuerpo que aún no sabía para qué estaba ahí.

Cuando Rubén cumplió los quince años Eneida llevaba cuatro cuidando una tía solterona en Yaguaramas. Al regresar contó que ésta había muerto, dejándola sola y con todo el dinero del banco, más una casa en el Vedado. Nada había cambiado en la choza, tampoco en la dieta.

Sin embargo, en Rubén todo era distinto. Los brazos aumentaron de volumen, las espaldas se ancharon, las piernas crecieron y en su rostro apareció una mancha de cabellos suaves y oscuros que amenazaba con tragarse sus rasgos, extendiéndose por brazos y piernas. A la altura de la pelvis, rodeando a los huevitos se hacía más espesa, intentando sin éxito esconder el resto de su colgante humanidad. De noche sentía fogajes que lo desvelaban, soñaba cosas raras que olvidaba al despertar y le provocaban espesas meadas que ocultaba a la abuela para no preocuparla.

La viuda retorno una noche de jueves voceando desde el trillo, llamando a su niño de siempre, su ahijado del alma. La vieja y el niño salieron al encuentro.

Ella contenta y él temblando.

Al pasar la talanquera de púas Eneida saluda a la vieja, mira al púber y plasma el beso torturador que precede a su letanía: «Este niño crece por días, que hermoso está».

Se le acerca y separa el pantalón de la piel, se escabulle hasta las posturas de hombre, pero no las agarra, regresa al colgajo de carne dura y con mirada de vaca que quiere ser ordeñada sentencia.

—Vine a buscarte para que vivas conmigo en La Habana, tu abuela ya no tendrá que hacer más natillas.

Esta vez no hubo carcajadas ni cuentos de aparecidos y güijes. La abuela preparó entre llantenes una bolsa con la ropa del muchacho y se encerró con un cinto y un banquito de madera en la letrina. El niño escuchó el quejido y se orinó de miedo.

La viuda no entró a la casa, lo tomó del brazo y lo arrancó del trillo.

A sus veinte años, Rubén tiene muy malas impresiones de La Habana, aún no ha relacionado la receta de natilla de la abuela con el apetito de la vieja puta que lo humilla, que siempre quiere comer de su natilla sin plato, que espanta a sus novias, que cuando él busca respuestas, lo tilda de imbécil, ignorante, guajiro mantenido.

Lo peor es cuando se duerme, sueña y despierta con la viuda encima de él preguntando: «¿De quién es esta cosita rica?».

3

COBARDE

17 de mayo.[1]

Si alguien tiene la culpa de que seas un cobarde hijo de puta, soy yo. Debí dejarte salir a buscar tus propios pitos, a chocar con los bugarrones del barrio en las noches de calentura y fajarte con ellos a los piñazos, defendiendo tu derecho a existir en el paisaje. Solo así sabrías del dolor de ser. Cuando te burlas de nosotros los valientes de afuera, me hierve la sangre y deseo que un bando de locas asalte tu casa y tu trabajo con banderas arcoíris e inmensas fotos tuyas desnudo, clavado en mi cama. Quisiera pintar tu portal de rosa fucsia mientras duermes y que al despertar te rodeen mariposas furiosas, irreverentes asesinas.

Hipócrita, levantas esta mañana el mismo dedo que anoche dilataba nuestros años. Casi correcto y más sencillo sería callar desde las inexpugnables hendijas de tu *closet* y dejar que los hombrecitos alegres logremos lo que no tienes gónadas para defender, tu libertad. Hace rato tenía que haberte borrado de mi lista, a fin de cuentas, no eres el mejor en las artes amatorias, la tienes chiquita y yo estoy cargando las plumas, las culpas para que te puedas sentar cómodo en mi pinga.

¿Qué tienes hombrecito cobarde que me atas con cintas invisibles? ¿Será acaso tu atractivo negarme? Deseo tu corazón egoísta de alma imposible, testosterona y vi-

1. El 17 de mayo es el día de lucha contra la homofobia en Cuba, equivalente al día del orgullo gay en el resto del mundo.

cio de ti que me disminuyen y retan. A solas, somos. En la calle soy sumiso indiferente, desconocido cuerpo que no saludas y del cual te mofas. Debo revisar la integridad de lo nuestro, te advierto no me faltes, tú sabes que te sobro. Esa lengua que hoy se burla, degusta el sudor de mis axilas e ingle obedeciendo mis designios de varón, pidiéndome ser muy tosco, brusco hasta dolerte. Nalgas, penes, frases sucias que deposito en ti, sumatoria de cosas perversas para complacerte. Qué fácil te la pongo al abrir mi puerta en silencio a media noche para hacerte reina y puta a la vez. Debería a cambio exigirte poemas cursis y flores atrapadas en cristal soplado. Sería apropiado que nos arriesgáramos en un derrumbe como otras aves, o tal vez gastásemos las migajas del pan en precavidos alquileres de a peso la hora. Pero no, mis ventanas cerradas y mi pantalón abierto son tu salvación de maricón frustrado.

Una parte de mí, la que te ama, quiere subir a darte un beso, a decirte que te atrevas a correr por esta calle de locos que antes fuimos como tú sin remedio. La otra, la de esta cifra que soy, te detesta.

Mis años consejeros te sentencian. Amate hoy que tienes tiempo y puedes desnudarte al sol para ser poseído por alguien más que tu mano solitaria. Acéptate hoy que corren tiempos nuevos, hazlo por aquellos que no pudieron, por estos yo que tardíos nos lloramos, por esos que hoy sonríen, por los que aún no saben y por ti que te engañas. Muchacho engreído, a partir de hoy no abriré la puerta si no vienes con tu alma.

Ven, súmate al desfile.

4

Tumora

Eres tan fea que al nacer fuiste confundida con un tumor, un jugoso tumor maligno con asombrosas cavernas que amenazaban con tragarse el mundo. Tu madre apenas tuvo valor para mirarte a los ojos mientras amamantaba el repulsivo cuerpecito donde habitabas. Culpándose de tu apariencia deformada, decidió dejarte a la buena de dios en respuesta al segundo alarido de tu hambrienta humanidad, le daba miedo prestarte una de sus preciosas tetas. Por mucho que le hablaron los sicólogos de traumas posparto y tiempos futuros, se perdió por una puerta de la que nadie tenía llave y conducía a donde nadie quería ir.

La infancia no arregló tu apariencia, pero la vida te enseñó a aceptarte, a resistirte ante el espejo, incluso a intentar interminables cerquillos que te apartaban del mundo y maquillajes que te escondían del sol. Nada logró salvarte del aislamiento como una protección del mundo ante la ofensa a la naturaleza que significan tus rasgos.

La pubertad es un periodo de tortura del que nadie escapa y contigo tenía el trabajo hecho, sin novios, sin padres, sin quince primaveras, con invierno perenne. Amor es la palabra cursi con la que se disfrazan las ganas de fornicar, sin palabras fornicar es entrar y salir de un cuerpo, eso no se te prohíbe, eres un hueco como todos los huecos calientes que atraen a los machos, sin mirar todo es posible, sin mirar y sin hablar, eres mujer.

Ahora que todos son más menos tan feos como tú, que no eres más horrible que nadie sino tan horrible como todos y pasas inadvertida aparece esto, un tumor que te inflama por dentro, lentamente para hacer tortuoso el castigo. Justo a los cuarenta y cuatro años sospechas el acecho de la muerte que supuestamente era más bella que tú y te temía.

Los hospitales son lugares donde la gente acude a recordar que es frágil como cristal delgado, a reparar todas las averías que se auto provocan a golpe de excesos y egoísmos, a patalear un poco antes de despedirse a veces. En amplios y pulcros salones piden el último como en una fila de cosas rotas, recomendados por alguien con cara de salvador que les escribe un papelito con su nombre y las palabras caso, resolver y agradecido. Todos de blanco los especialistas son dioses que deciden quien debe vivir, quien mejorar, quien empeorar y quien finalmente morir. Pero los médicos no predicen quien debe malvivir, esa es una decisión de los animales como tú que optan por el desquite.

Los latidos te advierten que eso está al reventar, no te importa, tu bolso está lleno de trapos y recortes de telas que chuparan las viscosidades que salgan de ti. Guardaste fundas viejas que te acompañaban en los sueños donde eras una niña linda, en azul como los edemas, inútiles lazos amarillos como el pus, empastaran a la perfección, nada será abrupto, a fin de cuentas, así eres fea, pero bien combinada.

Para la inevitable peste, has cargado un manojo gigante de flores silvestres y hierbas aromáticas, cortadas con una lasca de hielo para que no perdieran la frescura del amanecer. La espera de todo un equipo de desahuciados tiene color y hiede a campo gracias a tu bolso.

Hay un reloj, de él cuelgan los segundos como cuelgan los temores cuando se espera una sorpresa, él te avisa que es hora de tragar arroz con arroz, el asqueroso sabor te provoca un remolino en las vísceras que tal vez acabe por drenar eso que te tanto te preocupa.

Te inclinas y expulsas líquido sin clemencia, abundante liquido por tus tres orificios principales, no entiendes, suponías una metástasis, pero no tan general.

Es tu turno, entras, te escapas de la ropa, el hombre de ciencia te manosea, parece violarte ignorando el inmenso dolor. Entran uno, dos, tres, cuatro espectadores más, invitan a toda un aula a la consulta y cuando las luces se encienden, comienza el espectáculo.

El dolor se extrema y te abres al fin, de ti sale una fuerza inesperada, su luz deja ciegos a los curiosos y llena la sala de un tierno llanto. De pronto, te sientes la mujer más bella del mundo.

5

Pa de dux

Suple…2, 3, 4… Cambre… 2, 3, 4 … por de brass hacia la derecha… 2, 3, 4… por de *brass* a la izquierda… 2, 3, 4… mirada a la bailarina… por de braass a ella… reverencia de ella… saludo de *partner*… aplauso… hasta mañana.

La voz del profesor enlaza las palabras con cadencia y ese vals se repite en mis oídos a la hora de bañarme con el recuerdo del pájaro del grupo. Si yo fuera él, estaría dando tremenda cabilla en este teatro. Tenemos la misma edad, aunque no lo parezca, yo famélico y él con cuerpazo de caballo de raza que usa para bailar y payasear, supongo que Dios le da barba a quien no tiene quijada.

Percibo su olor a hombre no tan hombre y se hinchan las aletas de mi nariz en los ensayos, manoseándome el bulto cuando solo él está mirando, no como compañero, sino como algo que él desearía que yo fuese y yo supongo que no soy, algo raro, impúdico, ilegal, rico algo del mundo de la lujuria. Quisiera romper el hielo y preguntarle si puedo ser su marido algunas veces sin cambiarme de bando, decirle que me gustan las jevas, pero se me para cuando lo miro.

Termina la letanía francesa de todos los días, mi vista inevitablemente se posa en el tipo cuya belleza llega a dolerme, se cuela en las horas del no descanso sobándome la tranca, sin poder yo saber cuánta saliva segregaría su boca si me la chupara, inventándome cuan profunda podría meter mi cosa en su garganta, una garganta que me invento sin fondo como vaginal precipicio. En mis ideas está ofreciendo sus nalgas de varón y hay algo mío por abrir, provocando erecciones continuas que machaco a manotazos hasta preñar el colchón con leche pura, salida directamente de la silla turca, secreta leche que ambos nos debemos.

Siempre hay una primera vez, hoy estoy muy caliente. Llegare más tarde a las duchas para coincidir con él y… «al fin solos». Veré sus tapas de saltar sin soporte ni malla, me acercaré por descuido a sus axilas y sabré si ese olor dulce que lo rodea es su sudor, si la canela que olfateo sale de sus nalgas. Hoy descubriré si realmente esos muslos no son pedazos de pan para morder como los míos. Lo hare cisne y princesa a la vez para gustarle, para que a partir de hoy, buscarme se le vuelva un hábito y dependa para siempre de mi verga. En esa espalda esbelta meteré mi hombría destrozándolo a mordidas, escuchando lamentos de dolor femeninos, vulgarmente maricones que me harán ser su bestia. ¿Verle tan flojo me hará sentir tan duro? ¿Será igual que hacerlo con una mujer?

Es una suerte que los demás se bañen juntos, así el agua se lleva los deseos de singarme a todo el mundo a toda hora, esa fiebre de eyacular sobre este edificio viejo gritando que la vida es una y se me está escapando entre pianos, barras y espejos, rodeado de cuerpos deliciosos y prohibidos, viviendo de pajas y lamentables cargos de conciencia que hacen que a veces me cague en el *ballet* clásico y desee que Albrecht se ponga en cuatro para que Rostbarth se lo singue mientras yo aplaudo.

Ya viene. Empiezo la danza quitándome el soporte, acariciando en aparente descuido el sexo que abundante cuelga de mí hinchando el glande con el torrente sanguíneo que me nace del cerebro, avanzando por el paisaje de ríos de las marcadas venas y finalizando en una gota transparente y viscosa. Giro el grifo, un chorro de agua cae en mi cara, solo en mi cara para mantener seco el resto del cuerpo y preservar los olores como los animales feroces cuando marcan terreno. Debo aparentar indiferencia, conversar inclusive de algo trivial, desviar la vista y bañarme con el agua bien fría para que no se me pare tan pronto y se desespere por seducirme. Me gustan las peripecias que inventa para acercarse a vacilar, ver como tiembla cuando lo miro de frente, fijo, mientras su vista lucha por esquivar la morronga muerta que descarada y falsamente inocente le permito ver, presintiéndolo dilatar por dentro hasta sentirse vacío de carne dura. ¿De quién es todo esto que pienso? ¿Es de él o de mí? Esta calentura es confusa.

El corazón se me acelera, noto que se vira de espaldas para que fotografíe sus nalgas, arqueándose ligeramente para que suponga cuan abierto puede ser si solicito entrar; pero cambio la mirada y en respuesta, hecho hacia atrás el prepucio imprudente. La roja cabezota asoma su único ojo para verlo tragar saliva. Ojalá que ahora utilice el truco del jabón caído y le funcione para poder ver los pliegues carnosos pidiendo ser lamidos, saboreados por mis papilas gustativas. Ojalá se arrodille frente a mi implorando que lo deje mamar como un ternero hambriento y huérfano en medio del monte. Pero el muy orgulloso rompe el silencio con una desafinada canción.

Yo no te pido… que me bajes… —Escupe el muy maricón espuma de jabón— *…una estrella azul…* —Ahora resopla agua posando como la fuentecita de un parque europeo— *… solo te pido, que mi espacio, llenes con tu luuuuuuuuuuuzzzz….* —Suelta todas las plumas que le quedaban con el propósito de irritarme y yo finjo reír.

Siempre es igual, escapa a chistes cuando algo está por suceder, como cuando lo estaban golpeando cuatro *aseres*[2] en la calle y me dolió tanto que tuve que fajarme junto con él, arriesgando mi prestigio, formando parte de su equipo. Igual cuando lo cogieron en el camerino con

---

2. Modismo en Cuba: En este caso, «tipos duros», personas con actitud homófoba (Nota del E.).

un tutú[3] clásico puesto y estaban por botarlo sin yo poder hacer más nada que esconderme como siempre. Ser alegre es el arma que le dieron para estar parejo con el mundo, Hacerse evidente es la maldición que lo persigue, la que provoca en tipos frustrados como yo, las ganas desesperadas de singar a golpes.

Juega con la espuma a hacerse el amor, con pasión roza su cuerpo. Se ama, lo sé por la ternura que desprenden sus ojos al revisar cada milímetro de sí mismo. Todo en él es asombroso. Empieza por el interminable cuello... baja hacia los hombros masajeándolos como solo yo debería poder hacerlo, esto no es justo. Prosigue apretando los dos botones marrones de las tetillas con la misma fuerza que yo aprieto los dientes, marca con sus dedos las costillas y la cintura oscilando a la altura de las caderas y verijas, entra con vigor en los huevos dejando para lo último, el grueso falo y las blancas nalgas. De repente al salir de la raja se gira frente a mí descubriendo la pequeñez de mis manos ante lo grande y dura que se me ha puesto la tranca. Hiere lo avergonzado que me siento.

Soy infeliz, inseguro y acomplejado con todo esto. No sé qué hacer, sin embargo él sonríe a carcajadas, ruidosas carcajadas de puta rebelde que me retan a domarlo. Trato de mear para disimular y no puedo, toso y se me para más, me viro, y se acerca a mi oído. Finalmente me desato.

Ahora porque me sale a mí de la pinga lo tomaré por los cabellos y obligaré su cara a olfatear los vellos de mi pelvis de sudor y agua, espero rebeldía, asco, un quejido, pero no hallo más que un gemido de gato relamiendo. Mi pene golpea sus cachetes y al tercer toque abre la cueva de Ali Babá para que los cuarenta ladrones succionen a la vez, la vida casi se me escapa de los cojones y tengo que sacársela para no venirme.

---

3. Un tutú es parte de la indumentaria llevada por las bailarinas del ballet (Nota del E.).

Después supongo que lo levanto con fuerza. Viro el torso y me adueño de la espalda que antes ofreció alardoso, la ansiada hendidura del placer. Intento saber si de veras aguantará todos los bríos que «creo querer» meter en sus entrañas, mi lengua lo explora con fuerza en un beso de muerte que intenta sacar de ese orificio toda la historia del hombre que provoca en mí tales maneras, ese que ahora jadea y se pone en cuatro puntos como un perro vencido, deseoso, suplicante y vulgar como las ganas que le tengo.

En la penumbra del baño del teatro hay dos siluetas, una es sostenida por la otra formando una araña, el ambiente se inunda de vapores, segregaciones genitales y saliva. Los resbaladizos entramados de piel vistos desde lejos son serpientes en cadencioso movimiento, bailan como espigas en el campo a la llegada de la cosecha.

Luego algo sucede, de pie choco con sus ojos, dos paisajes que se ofrecen y esquivo por temor a un romance. El ritmo aumenta como la intensidad de todo, ahora la escena es una pelea de gladiadores cuyos mazos despiden fluidos seminales, mordidas, tensión muscular, llantos, quejidos, estertores. Catárticos poseídos por una fuerza que asusta se disputan la primicia y el más fornido gana. Olvidando sus antiguos principios y finales, el que antes dio, ahora recibe para culminar equitativamente.

El más joven, jadeante, regresa avergonzado a su rincón de la ducha. Rosada es el agua que destila su cuerpo y tiñe las losas. El par de brazos potentes lo envuelve, las manos que antes lo golpearon, lo bañan, comenzando por la espalda hasta recorrerle todo el paisaje suavemente con las mismas manos de mujer enamorada del principio. El falo inmenso y avergonzado sorprende de frente al del otro y se aproximan, casi besándose los flácidos prepucios rozan, igual hacen ingle con ingle, ombligo con ombligo, pecho con pecho, pupila con pupila. A la altura de los cuatro ojos va surgiendo un planeta en el que todo es posible y nada es tremendo, un espacio donde el temor a lo raro es borrado con una canción entonada a dúo:

Yo no te pido... que me bajes... —el más corpulento calla, el otro, continúa— *...una estrella azul... solo te pido... que mi espacio...* —Descubierto por el instinto, el más masculino prolonga la frase muy, muy, muuuy afectado— *...LLENES CON TU LUUUUZ.*

Los limites no son cosas de amantes, de los amantes son los deseos. El amor es tan caprichoso que a veces comienza con unas ganas inmensas de singar hasta romperse los cuerpos y nunca más cesa.

6

ALEGRE DESPEDIDA

En esta casa la cosa se está poniendo buena. Dice la puerta que cambiará su llavín por otro más asequible, uno que permita entrar a todo aquel que traiga ideas alegres y planes locos, aun corriendo el riesgo de la eminente espera de resultados. La ventana promete estar abierta al alba, sin importarle que los viejos butacones se doren como africanos primitivos, ni prestar atención a las alergias del polen. El piso no hará más trampas a las visitas, secará sus losas de la viscosa sustancia que hasta hoy atentaba contra los ancianos peleones o los niños malcriados, solo limitará el rodar de mi maquiavélico porta sueros. La cocina no reventará ollas ni dibujará frijoles en el techo, decretará que las comidas sean bien sazonadas, saladas, con carnes rojas y enormes postres de colores alegres. La cama alistará sus muelles para que el amor sea sistemáticamente posible y el descanso repare solo los días demasiado rotos. Los muebles todos fundarán un sindicato para defenderse y no desfondarse, para ser cómodos hasta el infinito en las vigilias de café con cigarrillos y de fiestas.

Las tuberías de agua y la luz eléctrica, firmarán un contrato por tiempo indefinido, serán las vanguardias de este año, sin ausencias, llegadas tardes ni rebajas de servicio, intachables ellos.

Al jardín lo cubrirán inmensas hierbas silvestres, de esas que todos cortan y se tragan las entradas de las casas, en ellas duendes y libélulas vivirán en perfecta comunión.

Los gorriones entrarán hasta las habitaciones y comerán arroz de mi plato, yo jamás volveré a utilizar cubiertos. El botiquín y sus medicamentos van desterrados y en su lugar pondré solo alcohol dentro de una vidriera con luces de neón.

Todo es alegría en este habitáculo, solo el inodoro y tú han protestado, él porque no puede digerir de una sola ves todas mis aspiraciones, tú porque te molesta mi optimismo, porque opinas que esta herida de muerte es incurable, que sin dinero nada es posible, que vivo de sueños y muero de a poco.

Me ahogas de cuidados pesimistas, realistas, terrenales. ¿No notas que hace rato no soy de este mundo? Le debía muchas horas a la muerte y aceptó un trato, ella desiste y yo pondré una fecha.

Esta casa se va a poner buena de todas formas. Cambiaré ese asiento come mierda por un tibor, o por una lata oxidada con tapa de cartón. A ti te pegaré los tarros y te presentaré a mi nuevo amor, el más optimista de los moribundos o el más moribundo de los optimistas, YO.

He decidido vivir los días de mi muerte.

7

MUCHACHA AMANECIDA

La muchacha bonita cambiará otra vez el color de su cabello, ahora será un sol. La razón es simple, es posible que él regrese con las doce campanadas, y dicen que los caballeros las prefieren rubias.

Acompañado por un ejército de espíritus y protegido por su piel verde olivo, aparecerá en la ventana de hablar con los planetas y se irán de viaje por el tiempo. Le contará las razones por las que escapó en un carro lleno de putas y fusiles, dejándola de guardia en el balcón, con la luna de Penélope. Le dirá que era ella y solo ella el desvelo de su pelvis, que eternamente viviría en su sofá, sin camisa, a merced de las lenguas y los puños celosos de no ser por las malditas circunstancias.

Ella, con labios de cascos de naranja y cabeza recién amanecida, confesará que aún lo ama. Sacará las fotos que guarda en una bolsa de satén magenta y nuevamente sus caderas se abrirán hacia él, envolviéndolo como envuelve el mar a los peces sin nombre. Secretamente aceptará que se sabe superior al resto de las hembras y por eso acepta su regreso embarrado de otros cueros, que le gustan los hombres pícaros, que le parecen más hombres para tristeza y envidia de las feministas.

Juntos harán una ceremonia sencilla con libros, cuadros y álbumes de fotos. Las flores que nunca fueron dadas serán el ramo, el vestido lo hará de hierbas secas y brindarán con lluvia, servida en jícaras sin pulir para recordar el verdadero sabor de la tierra.

Ya desnudos, el hombre es hielo y ella de sal, entre los dos, los anillos de Marte se les ofrecen para subir y bajar en ellos. Si puede el sol saldrá, es solo opcional. Ya cansada la melena, la sacudirán gallos de metal prometiendo al fin un Fin, su fin.

El amor es una sustancia innombrable que Mendeléiev no registró, sin número atómico, con potencia impredecible. Aunque los años corran y los cuerpos envejezcan, siempre habrán novios, ella lo sabe.

La muchacha bonita cambia muchas veces el color de su cabello, tiene ochenta años y aún vive enamorada de alguien cuyo nombre no sabe.

8

CRUCE DE CALLES

Allá viene tu esposa. El muchacho que la ayudó a cruzar la calle es quien te gustaría haber sido: cortés, inteligente, bien vestido. Pero tú ya eres tú, inevitablemente.

Tiene musculatura de potro, ojos grandes como linternas azules y en la boca inmensas tajadas granate de besar. Por su griega puerta olfativa cabe el universo gaseado. Sus manos de pulpo rozan por accidente las dos caras de su pelvis esplendida gritando a todo pulmón poderes enajenantes y absolutos; esos que hace tanto tiempo reclama tu vieja. Parece un museólogo cuidando un pergamino, el pergamino al que juraste amor hace cuarenta años.

Te angustias por un segundo, pero está el consuelo. Los nietos son diablitos con los bolsillos llenos de piedrecitas y las caras sucias, felices gotas de paz que te limpian la conciencia de algo que no sabes que es, pero presientes debe ser limpiado, no importa cómo ni cuándo, lo debes desinfectar con ácido si es preciso. Tus hijos son la prueba vencida, la constancia de tu existencia. Tu vieja, inventada para hacer cría, es la vaca más prodiga del mundo, con una gota de semen pudo lograr una camada de tres cachorros.

En la radio Raúl Paz susurra *...solo tú y yo... Tú y yo... sabemos lo que nos pasó...* El martillo de esa voz te duele cuando la miras entre cazuelas, perdida dentro del famoso batón de lienzo blanco por el que nunca pasan tus manos a pesar de las ansias acumuladas y el dolor de tus testículos.

Estás tan cansado de esquivarla y frustrarla, tan lleno de sentido común, que al fin decides despegarte de la tierra e inventarte una historia. Una historia en la que eres el trigueño que le cruzó la calle. En tu cuento ella es joven nuevamente y la ves con falda transparente junto al mar, etérea, necesitando el milagro de un hombre que la rapte y la convierta en puta. Te crece la hombría y con ella todo lo necesario, lo que ya no crece sin películas porno evidentes, crueles y perversas.

En tu idilio la tienes grande, dura como nunca. Aprietas sus pechos que ahora son tersos y te late el glande como una campana roja que anuncia milagros. Tensas los bíceps en un abrazo de cangrejo moro, abres sus tajadas, tiras de sus cabellos y la penetras firme, acompasadamente como hacen los hombres de campo a las hembras rebeldes. Embistes cada vez como si fuera la última y la anterior no se hubiera sentido, como si de tus embestidas dependiera el futuro de la humanidad. Tu ano se aprieta al entrar, también al salir, es asombrosa la dureza de tus contracciones, robustas succiones por las cuales bien valdría la pena sacudir el polvo del tiempo. Cuando la muerdes en el cráneo la potranca aprieta más los muslos y sucede: te vienes en un río incontenible, rugiendo como bestia a la que arrebatan su cría, cerrando los ojos llorosos, en blanco, cayendo de un vuelo.

¿No entiendes? ¿Por qué no la ves a ella?, son dos, ¿por qué agudizas la lupa para verlo a él? Ella es bella otra vez ¿por qué no la escuchas cuando hace algo con la boca parecido a un gemido de carnero degollado? ¿Cómo son los ojos de ella? Atiéndete, no llores, sé franco con el único que te conoce, Tú. Ahora nadie ve ni escucha, no te asustes, calma, eres un viejo decadente que se dice impotente desde siempre, que se casó por el sueño de hacer familia y en la noche se tortura, se empastilla e intenta reinventar la misma historia en que hay dos cuerpos haciendo el amor, templando, singándose a veces, como cerdos sudorosos y esplendidos. No sabes cómo hace ella, pero te vienes.

Olvida al psiquiatra, los baños públicos son posibles, haz saltar de una vez tus clavos.

Paga en la puerta, pide el último, espera, descubre, sacúdete hasta el cansancio, accede a intercambiar lo que puedas, confúndete, succiona, traga, sueña, acéptate, perdónate, arrepiéntete, la mejor manera de combatir la tentación es convertirla en remordimiento. No hay tiempo para mentiras, él es el mismo del semáforo, tú con cincuenta años no sabes quién eres.

9

Juventud, divino tesoro

Ella fulmina el aire con su hipermelena de fuego que roza la cintura ondeadamente bullanguera, enmarcando sus también sanguinolentas cejas. Las botas no podían quedar en casa, vinieron con la falda corta, el colgante plateado, la segunda piel de licra ajustada sin ajustadores y los interminables aretes de plumas de ave colorida. Los ojos, cual Cleopatra, son líneas infinitamente negras.

El lleva *jean* tatuado punto y coma tubito, anémica camisa inmensa mostrando los ocho o nueve bellos del enjuto pecho. En los brazos una suerte de erizos *punk,* filosos metales con extrañas melodías étnicas, la melena se desprende de una gorra delimitando la frontera entre el raciocinio y la locura.

La pareja baila como palomitas de maíz en sartén, la fiesta les hace ruedo, les vocea la dicha suprema, son un escape a planos superiores *...we are the champions... of the woooorld...* repite Mercury y más potentes son ellos, *champions.* Se fragmentan huesos, sudan anfetaminas viejas, penosas canciones de amor y ansias de ser, que de ser cantadas romperían las bocinas del universo electrónico.

Se conocieron un sábado en una fiesta a la que nadie los invitó y en la que a nadie conocían, huérfanos de algún lado los dos, becados, independientes, autorizados a llegar luego de las doce e ir de guerrillas, comedores de sobrantes y *frikis.*

Son una pareja aparatosamente ideal, inmaduros efusivos que escapan de sus casas todas las noches de martes y gastan sus ahorros de no comer, se ponen sus ropas de no vestir, el perfume de no oler y se trasladan en el no tiempo a los años ochenta.

Ella es maestra, carga 180 libras distribuidas en 1,55 m y ya cumplió los cincuenta, él es militar, internacionalista en la guerra de Angola, sus 1,75 m pesan apenas 130 libras, no tiene edad. Ellos son libres y la gente los aplaude. Corre el año dos mil doce y en la discotemba la era pare no uno, si no dos corazones, la gente es feliz a toda costa.

10

La oda de los jimaguas

Sabía que volveríamos a vernos, por eso escribí el principio de nuestra historia para que alguien la sepa.

Nosotros éramos dos hasta que tú te acobardaste y decidiste no crecer. Mamá preparó con amor los dos espacios de dormir, y mearnos, cubiertos por mosquiteros y escoltados por un ruedo de ángeles sintéticos que intentaríamos tocar en vano. Tus sabanitas serían rosadas y llenas de flores iguales a las que llevarías en el pelo los primeros años de escuela. En las mías rodarían fantásticas pelotas multicolor, siempre en tonos azules, como mi último uniforme y el mar donde comenzó mi estúpida carrera de nadador.

Nunca llegaste a probar la leche, ese maná que aún deseo beber a escondidas. Te perdiste aquellos cumpleaños de tartas gigantes y helado, las ridículas fotos de mis trajecitos cortos y mi amiguito de siempre, Rogelito.

Me dejaste solo porque entendiste a tiempo que no seriamos felices, que una parte de nosotros no sería bien recibida, no por miedo a la cantidad, sino a la cualidad.

Ahora estarías prestándome tus cosas, el omoplato y tus músculos las veinticuatro horas de los trescientos sesenta y cinco días de los diez y seis años que he sufrido solo, por tu cobardía de ignorar el cordón umbilical y sus funciones, haciéndome creer que solo yo venía a enfrentar las pulgas de papá.

Estoy muy asustado, acabo de cumplir los diecisiete y hay ciertas cosas que no entiendo.

Mi primer beso fue dado ayer por los dos. Es alguien que debió hipnotizarte con sus ojos de piedras fantásticas y unas tajadas color rosa que mordiste para sorpresa de los tres, dejándome el regalo de los golpes en la cara, las voces del pueblo tras de mí y mi vergüenza.

Yo no sabía que vivías aquí dentro, que estos estertores que me sacudían las manos como si fueran alas, eran tus danzas secretas, que el arqueo de mis cejas tenía el fin de seducir. En mis planes estaban una mujer e hijos que tú me impides. Egoísta, cobarde, traidora.

El día que discutieron yo estaba entretenido desenredando venas y distendiendo músculos para que hubiese más espacio, luchando con los gases e inventándonos antojos. Por eso no escuché a papá hablar de sexos débiles ni orgullos, ni de la sumisa vos de mamá pidiendo clemencia en vano, callada por la maldición del ogro donador del semen.

No debí obedecerte cuando me diste aquella célula, cuando desviaste todo el oxígeno hacia mi diminuto torrente para que creciera más. Debiste tomar en cuenta la diferencia de cromosomas y genes.

Ya es tarde, ya él sabe tantas cosas de su hijo que me repitió tus razones para no nacer: en esta casa quieren hombres, solo hombres de pelo en pecho que destrocen vaginas. Tú y yo sobrábamos y para complacerlo aquí estamos juntos otra vez.

Son las tres de la tarde, frente al hospital infantil vuela un cuerpo, al suelo cae solamente un uniforme escolar vacío.

11

La gran recepción

La embajada de la hermana república democrática y popular de Tunturuntum del Norte, todos los años celebra su independencia del imperio Beyoccio. Por tal motivo cada 35 de *Octiembre* organiza una recepción a la cual invitan a lo más sobresaliente de la cultura, el deporte, las ciencias y la política en el año.

El *buffet* es de exquisita selección, vegetariano, sin sabores fuertes que estimulen la palabra. Para libar, vinos exóticos a base de sudor obrero fermentado, cuyo aroma embriaga a distancia sin resaca posterior, sabor a olvido. Se decora con lemas escritos sobre pliegos de papel reciclable, con tinta ecológicamente inofensiva.

La residencia abre sus puertas desde el amanecer para que los invitados escojan la hora de llegar y como atuendo se permiten con igual satisfacción un traje, un *short* corto o la piel misma. No se permite tocar ningún tema político durante la estancia, prohibición que se especifica en la invitación lacrada y sellada con el cuño oficial, un mes antes, para que acudan todas las tendencias sin confrontarse.

Aun así, nunca había asistido nadie importante, solo oportunistas, sindicaleros de turno, alquimistas de odorantes baratos, matasanos, cocimienteros con licencia para matar y campeones de quimbumbia.

Sin embargo, el talentoso sentía necesidad de saber cómo era codearse entre la élite, hablar bajito con una fina copa en la mano y sonreír muy quedo, como tragándose la carcajada, con un sonido onomatopéyico similar a ju juis, dejando pasar una bandeja sí y otra no, de la cual tomar un, solo un, bocadillo diminuto en forma de florecita para morder, con los labios puestos en forma de beso, encogiéndose de hombros servilleta en mano opuesta, como con miedo a embarrarse de hambre.

Como el vecino calza el mismo número de zapatos, es la solución perfecta para dejar descansar los apestosos tenis de escribir poemas e inaugurar caminos nuevos, el traje exhumado del abuelo aún se conserva y el sol le aclarará el verde hasta llegar a convertirlo en amarillo otoñal, el reloj sin cuerda es perfecto para borrar el día de los libros y pelarse no será necesario. Todo está listo para salir, entrar, perderse para ser precisos.

Llegar es fácil si se tienen ochenta centavos en total y nociones de acrobacia en artefactos chinos, de esos que no tienen orientación espacial y estacionan a diez metros de las señales azules, torcidas, cuando existen. Allá van su compañera y él. La diosa que lo precisa a vivir la vida que le toca, a tocar la vida que no vive, ella es lo único que no puede perder, por ella todo es poco, por poco todo es ella.

Tras la verja abierta los recibe un hombre transparente que lleva una sonrisa de plomo colgada al cuello, con guantes fragmenta la invitación de cartón rojo y devuelve el solemne resto para guardar de recuerdo. Tres pulidos escalones, deslizan los tacones de ella hacia un lado, recordándoles la necesidad de caminar derechos y mantener las manos unidas, formando una diagonal entre el suelo y él, por si acaso. En lo alto, rodeados de banderas y vendas ensangrentadas están el embajador y su esposa saludando al vacío y luego a ellos como autómatas. De pronto sucede un milagro, otra pareja aterriza en el salón, saluda a los anfitriones y los aborda con la misma cara de estúpida inadaptación de ellos, los cuatro parecen mirarse en un espejo, son las alas de una mariposa ridícula que intentan ser distintos, que se diferencian solo en la forma del intento.

El nuevo es el deportista del año, cuenta con detalles sus últimos triunfos en las grandes ligas, habla de las joyas Arnuevó de su mujer, del cuadro de *Puertocarrero* y el plato de *Amalia* Peláez que recibió como premio. Opina con soltura sobre la actuación de Jorge Pérez *Gorria* en el *film Fresa y Cocholate* y recomienda a la pareja el *restaurant* de moda, barato, cuarenta el cubierto. Habla de su preferencia por la música clásica, en especial *Paparotti* y el instrumental «Balada para Adelina», recita engolado el poema veinte de Neruda, y con humildad admite modesto que es culto.

Cuando el licenciado en historia del arte se presenta, el atleta solícito le obsequia un afinado pedo de admiración.

Acaba la noche en la parada viendo alejarse en la distancia un auto de lujo con dos mujeres y un tipo fuerte dentro.

Un hombre inteligente y solo, pide asilo en la embajada de Tunturuntum.

12

En la caja de herramientas

17 de mayo.

Aquí están las tuercas. Unas recias y oxidadas, otras flojas como cerdas de pincel. Ellas creen proteger a otras piezas incontrolablemente dispersas que están en su misma batalla, los fusibles, volubles inventos de la electrónica con chispas motivadoras de la imagen.

Los fusibles pueden tener menos o más voltaje, pero siempre se oponen a las sombras, no aceptan vivir en la oscuridad y en ocasiones provocan peligrosos cortos circuitos.

Las tuercas tienen especial tendencia a inmolarse por causas difíciles. Imparten clases de hombría a los hombres y de ternura a las mujeres.

Los fusibles embellecen hasta lo detestable solo con un toque mágico y su fuerza está en la capacidad de asumir sus cristales e imponer su paz con aparente cobardía. Las tuercas son de acero inexpugnable.

Hoy es día de tolerancia. Las tuercas marchan con sus roscas bien marcadas dentro de sus *jeans* y claveles en las torpes manos de cargar sacos, enamorando en silencio a alguna princesa de Walt Disney. Los fusibles ganan la atención con fuertes voces de soprano que sacuden a un buque de guerra anclado en el horizonte, haciendo que los marinos confusos salten al agua en busca de una sirena.

Hay días como hoy en que admiro a las tuercas que defienden la caja con todas las herramientas y piezas dentro, hay días en que amo mis chispas y el valor que me crece junto a otros fusibles irreverentes. Sin embargo, siempre me duele la separación de tuercas y fusibles, la negación mutua siendo partes de un mismo todo o un mismo nada, o un simple algo seccionado. Pero siempre seré un fusible lleno de tinta y hojas en blanco.

De repente algo pasa, una tuerca tropieza y sin querer quiebra a un fusible entretenido. Con urgencia se atrincheran los bandos y es hora de tomar partido, verde o rosa, blando o suave, hierro o cristal, todo el que se abstenga pagará con el destierro. ¿Qué hago?

Feroces garras aparecen tras las uñas de acrílico, las pelucas de Medusas despiertan sus serpientes, afiladas lanzas de caminar se hunden en los cráneos de los hombres sin pene. Estos golpean como pueden a las mujeres sin útero, las tiran de cabeza al asfalto como a trastos viejos. Los caballeros ya sin cortesía y las damas sin *glamour* son filmados en video digital de alta fidelidad, HID decimoquinta generación.

Las voces son todo lo que han callado en sus vidas de humilladas víctimas, se llora todo el dolor de las infancias, la distancia entre todas las familias, la suma de toda la ternura extraviada en los caminos. Todas las balas guardadas para el enemigo explotan en el campamento. Entre ellos se exterminan para hacer catarsis, el suelo queda cubierto de óxido y cristales rotos.

Ha sucedido lo peor, la discordia desfondó la caja, todos cayeron al fango y yo con ellos. Vuelvo triste a casa, al final la cagamos, y de tanto alumbrar estoy fundido.

13

Dictado

Gladys me ha rascado una oreja, con uno de sus distinguidos apéndices entro en mi templo de escribir y bailar. Suponiendo una futura amistad o tal vez intuyendo que pronto bostezará paralelo a mí, a dúo tal vez con mi persona. Ella trató de premiarme con una idea.

En la terraza todos parlamos ideas de otros o desnudamos otras de nuestras ideas, intelectualizamos la vida como contando dinero en los barrios pobres del cono sur, egoístamente gozándonos suculentas palabras que ella no puede saborear.

A nosotros nos entristece el silencio de Gladys, a ella le entristecen nuestros verbos quizás sin base, sin resultado, sin futuro.

En venganza, como moderna *Circe*, la augusta dama hace ceremonias en las que quedamos boquiabiertos y ojicerrados, en ellas decide quien pasara al próximo nivel. Es sencillo, solo quien la convenza, quien llame su atención y la entretenga, podrá editar el libro del siglo.

Al bajar el escalón negro, lo confunde con el mar, todo lo dicen sus pupilas perdidas. Las piedras son lenguados que se cansaron de nadar y toman largas vacaciones, los arbustos son corales y arrecifes verdes, en ellos las morenas y otros habitantes ondean entre las olas del océano más transparente que pueda existir, el más oxigenado mar donde los humanos respiran sin esnórquel, y no flotan, pululan.

Yo, paciente amoroso le doy la siempre segura mano, como se la daba a abuela, mi escleróticotiernamuertañoradabuela.

La maga sacude su multicolor melena y de ella se desprenden chispas que forman una hoguera de mil metros de luz. Sus destellos se posan en mi frente y ya no tengo paz.

Las teclas de la computadora me succionan los dedos y se organizan solas las palabras de un mini cuento que quizás nunca publique, pero ya tiene premio:

Una mujer antigua quería decir te quiero, las palabras se le fueron de paseo.

Esta mujer tenía esa fuerza que vivía en alguna parte de su útero no visible en ultrasonidos ni rayos x, una fuerza invencible que aplastaba monstruos ancestrales, esos abuelos y padres del subconsciente que nadie se atrevía a desafiar.

Con ojos de bruja fusilaba a los curiosos que contaban los hombres de su cama y emancipaba a las beatas del barrio, esa jungla de batas de casa y trajes de perfecto corte, poderoso corte de varón ejecutivo, punto y coma, se bonita y cállate.

El otro le media los pasos, calibraba los ángulos de sus desenfadados gestos de hembra muy hembra para ser casada, atada, sin opciones.

Por eso se complementaban, se necesitaban como necesita la alegría de las lágrimas para hacerse notar.

Esa noche la luna estaba de juerga y dejó en su lugar un bombillo incandescente de sesenta watts escapado de una lámpara de noche. En la ventana, gotas de lluvia jugando a las escondidas le indican la imposibilidad de salir a inventarse amores nuevos, fálicos muñecos donde desquitarse el sentimiento acumulado. Los tacones interminables reposan en la alfombra como cocodrilos sanguinolentos, listos para engullir pantalones.

Al otro extremo del corredor el portafolio cuenta los granos de arena que faltan para la media noche, los libracos tiritan de frío, congelan la tinta de los bolígrafos y luego se duermen.

De repente escampa y las dos puertas se abren a la vez. !En sus marcas, listos! Y dos estruendos dan inicio a una competencia ciega que tiene por meta la gloria.

Ya están en la entrada del edificio y el choque es inevitable, el portafolio abre sus fauces desafiantes, los zapatos muestran los clavos embarrados de goma fresca, es la guerra.

Una tercera puerta se abre y de ella asoma la, *Amalia* Peláez, vieja más chismosa del barrio, al ver las dos bocas tan cercanas, les inventa una historia de amor y odio mezclados.

A partir de ese día ningún otro hombre se atrevería a desafiar las leyes del poder, la mujer era virtualmente intocable hasta nuevo aviso. Ninguna mujer volvió a soñar la conquista del buen partido de la corbata, la competencia con la de los tacones era muy fuerte.

14

El tiempo

Nunca esperaste que el tiempo fuera solo eso, tiempo. Creías que se nombraba así a algo que a los demás preocupaba en exceso, un simple *hobby* del cual los adultos hablaban.

Tu fusión de Adonis y Nefertíti te llevó a la meta y después de verte vencedor de todo no sabes qué hacer con tu vida.

Harto de coleccionar latidos ajenos buscas el tuyo, será un serrucho para pisos de mármol, la horma de tus botas de Pegaso, oveja obediente para ti que nunca obedeciste a nadie que no tuviera tus mismas huellas dactilares y tu nombre.

La frialdad y la oscuridad son cómplices, el salón de feria con sus inmensos ¿marcos en fase abandono? Este sitio es perfecto para el plan.

Primero te exhibes en un aparatoso plano general, fantástico pavo real de azulosos tintes Revlon (siempre Revlon). Segundo, mostrar lo más relevante de tu carne, las inviolables tres horas de gimnasio en diarias búsquedas de bíceps, tríceps, planicies abdominales y otras adorables suculencias que el más estricto algodón se encarga de ajustar (tejidos sintéticos igual a erupciones). Más abajo, tras tu bulto viril (recordar Viagras gaveta de mesita de noche de la derecha), el Versase de tus nalgas, perfecta *size* 30 de obligatoria aprobación. Junto al suelo el secreto de tus tacones aumentados, apenas perceptibles bajo el dobladillo del *jean*, tus zapatos un punto mayor por aquello de las suposiciones de proporcionalidades dimensionales. En el aire el último nombre del momento: Isamiyaki, Isaymiya- ki, Isa miyaqui, Isa mi Yaqui (como te dé la gana de decir y porfiar, a fin de cuentas, es tu aroma y ya).

Coges aire cuando viene el primero, es rubio, apenas de aceptable apariencia ¿y qué?, basta con que sepa obe- decer. Colocas abundante saliva en la garganta y allá va un engolado texto, el infalible y mentolado «hola» de siempre con la mirada perdida de quién no ve y solo acepta ser visto. Por respuesta, el silencio sin ninguna nota musical. Esté no tiene facilidades comunicativas, apenas miró, se queda en eso.

En la casa esperan el vino caro —primero muerto que sencillo—, camarones, arroz inmaculado, acuarela de ve- getales, esbeltas papas fritas como escapadas de Cancún y dos insuperables potes de gelatina de frutas, elegantes como los recientes pechos de Angelina Jolie cerrando la cena. —Hay que enseñarles desde el principio como de- ben ser las cosas, acostumbrarlos a el *glamour*.

Viene otro, por la cáscara parece que trabaja de custodio en esta feria abandonada, justamente por eso puede ser él. La costumbre de servir sin opinar y cumplir las reglas debe correr por sus venas. Pruebas otra fórmula para éste y su cabello castaño, será el truco del reloj roto, si luego descu- bre tu Seiko mejor, será tarde y alegarás que no lo llevaste por precaución, tus prendas son tus prendas y la calle… bueno, él debe saber mejor que tú porque en ellas vive, tú no. Tú vives en tu mundo elevado sobre las cabezas, un mundo para seres alados y superiores tocados por la belleza física. Él te responde un frío nueve y cuarto, sigue de largo. Seguro eres demasiado para su nivel terrenal.

Pero hubiera sido un alivio abrirle la puerta y escu- charlo alabar tu templo meticulosa y europeamente deco- rado, ver sus costras de churre proletario desprenderse de la potente pelvis y escapar por el tragante. Luego podrías

al fin derramar el desincrustante nuevo en señal de transición a otra clase social, la tuya.

¿Cómo será este lugar de día? Tantos marcos vacíos parecen un mal augurio, como si un tornado se hubiera llevado todas las almas resguardadas por la madera y solo quedaran los estuches de lo que fueron personas. Debe ser desolador un espacio tan vacío.

En tu casa viven tú, tus revistas *People*, *Vogue*, *Hola* y todos sus personajes, tan familiares y aptos, con sus sombreritos de diseñador y sus bolsos Vuiton, muy consecuentes todos. Es un alivio convivir con gente como la Reina Isabel, tropezar con la evidente diferencia de esos marcos vacíos es aterrador. Por eso volteas la mirada otra vez y asocias al disfrazado con la galería, éste tampoco te cuadra, trae tristezas incrustadas.

Tres es un número exasperante por impar, para ti solo son adecuados el Uno por superior, el Dos por el cursi motivo de las parejas, el Cuatro por abundancia y el Seis por masividad de admiradores. El Tres y el Cinco son algo así como bronce y disparidad. Sin embargo, estos dolores en las rodillas y la espalda, nuevos para ti, bien merecen borrar al uno. Corres la lista y conviertes a este aspirante a novio en el número dos.

El dos —que antes era el tres—, es muy alto, eso está a su favor; camina tetosteronizando el recinto —también eso ayuda—, se manosea descaradamente el pantalón mostrando su desinhibición —diez puntos más—. Lleva gorra de lado denotando discreción de identidad —o falta de cabello que también es muy sexy—, te roba la iniciativa con un «que bolá» mundano que te sorprende como si él también dominara el otro idioma que conoces y utilizas cuando quieres parecer sencillo, asequible como él ahora.

—Aquí... —tu respuesta.

—Yo luchando. —su segundo apunte.

—¿Luchando? ¿Eres militar?

—No…, soy oriental. —su conclusión.

No hay que ser regionalista, Cuba es Cuba desde oriente hasta occidente. A la luz de la luna intentaste ver su rostro y no pudiste, le dijiste que mirara hacia la novia del sol y tampoco, encendiste un fósforo y fue inútil, solo al hacerlo sonreír, tu miope cercanía nota la altura de sus blancos dientes y lo abultado de sus ojos hasta ahora apenas abiertos. Su cara es invisible en la negra noche. Desestimados los hombres invisibles, te excusas confuso y avanzas tres metros, él no renuncia, te sigue y se soba aún más la entrepierna, merodea rozándote por todos los flancos con su prominencia y su aliento caliente haciéndote sentir el conocido placer del asedio.

Él, que no puede más. Tú, que sabes que provocas eso. Él, que mírame como estoy. Tú, que tal vez debieras limpiarte con un gallo prieto por fin de año. Él, que me tienes miedo. Tú, que nunca has perdido un reto. Ambos, que no se ponen de acuerdo.

Él, que te lo pierdes y ya se va. Tú, que no, que te lo llevas para que aprenda a respetarte.

No te conviene que lleguen juntos al edificio, Cecilia siempre se acuesta tarde y: «el pajarito que te limpia la casa también es negro, pero muy bajito y flaco para confundirlos»; «a esta hora no hay razón para visitas, ni fumigaciones, ni cobradores, ni es lógico que tu lleves a tu cama daltónicas imágenes»; «coño que no quieres poner una raya tan oscura al tigre».

Tú irás delante con pasos largos, elegantes, cruzados, con las manos alargadas como Naomi Campbell, la vista lontana y las caderas ondulando por delante al ritmo de tu melodía electroacústica interior interpretada por Charles Asnavour. No tienes que mirar atrás, sabes que él no renunciaría a tu excelso señorío, a la oportunidad de ser bendecido con uno solo de tus abandonos a su ansiosa y suplicante necesidad de poseerte.

Cruzas la espaciosa avenida y en el preciso momento en que te viras en la acera, ves el taxi, sacas el brazo en perfecto y técnico *pour de brass*, un frenazo bullicioso es la señal que apura la entrada de tu esclavo —así se te antoja a partir de este momento— por la puerta delantera. Luego lo ves voltearse suplicante hacia ti, como quien se declara incapaz de costear tan lujosa traslación de municipio. Tú solo muestras cara de «esto es habitual en mí». Esta es mi vida querido...

Esquivas las curvas como bailando un vals en el amplio asiento de cuero mullido, repasando el resto del guión de la noche, ajustándolo al cambio de personaje que debes resolver: «¿Los esclavos serán alérgicos a los mariscos?». —No importa, aún te quedan antihistamínicos Bayer. «¿Los esclavos se bañarán a diario?». —Debes sacar tu gel antibacterial y el *shampoo* anti piojos por precaución.

«¿Los esclavos toman vino o ron?». —Bueno, que pruebe algo nuevo como estás haciendo tú.

Frenazo en seco otra vez, elegante cartera de piel de cocodrilo imitación Prada, billetes que se separan en canon coreográfico, como en una audición de cuerpo de baile donde solo el mejor sale al frente, el de a cinco es esperanzadoramente verde. De vuelto solo gotas de metal insignificantes que dejas al conductor y casi le sacan un ojo al atento galán *dientiblanco, gorriencubiérto, grandiaparente, orientaloriúndico, tetosterónico, calentístico, lubricántico, machonante y anosuplicante* que te sigue a ti, tan cuasimaricónico hoy.

Bajas y corres mientras él te observa con los enormes ¿labios? mordidos por una de las comisuras. Cecilia te saluda sin sospechar ni ver, le recuerdas las novelas de Corín Tellado que le regalaste ayer y le acercas una página al rostro para que no vea escurrirse a tu sombra.

La llave da paso a tu otra dimensión, el espacio comprado con tu cuerpo y tu cara, con tu clase, con tu encantador contraste de macho en la calle y loca en la cama.

Esta es tu vitrina de puros Sévres y Limoges que discreta guiña un ojo, la lámpara Tiffany pestañea cómplice, tus butacones Chippendale abren los brazos anhelantes cual meretriz. El Servando se sonroja al ver al que entra luego de tu etérea figura precediendo al solemne portazo.

—«Al fin solos Sir Betún».

Con él sentado en la silla Toné, sirves el néctar en dos pulidas copas Bacarás, o Bacaráes, Bacarás, Baaa... en fin, tus cosas finas para beber.

Te retiras a tus aposentos y comienzas tus abluciones estratégicas con un sutil enema de sales hidratantes, burbujeantes caricias para tu recinto de placeres. A continuación, la ducha llora sobre ti a ritmo de tango para arrastrar partículas de polvo que restan brillo al melocotón de tu piel. Al secarte vas dando pequeños y estimulantes golpecillos por todos tus milímetros como quién enciende una guirnalda o juega con una pompa de jabón. Al derramar la Nivea sobre ti, la crema se regocija al contacto con tus poros, impecables respiraderos de armónicas y ¿elásticas células?

Del Valet —tu mueble más caro— escapa un apasionante batón chino que feliz se beneficia con el pigmento armónico de tu piel de ángel, nada de elásticos que hagan presión, solo el florido nudo de la bata tendrá el privilegio de ir a esta fiesta, desnudarte restaría ritmo al momento crucial que pretendes. Todo está listo, pero no sales aún, es temprano y la cena es después del *performance* —palabra fina—. Hacer esperar es un arte y apoyándote en el sabor del vino aumentarás la expectativa, la ansiedad, el deseo y tu atractivo.

¡Ohhh, un problema grave!, no te hiciste el pedicuro, de seguro él va a querer besar tus pies y no están perfectos, ese diminuto pellejo puede notarse, qué pensará si lo saborea con los ¿labios? Esto tiene una sola salida, lima, ágil, fuerte y abundante lima.

Terminas tus pies y llega la hora, subes a Piazzolla con el control remoto del «teatro en casa», bajas la intensidad de la luz y muy suavemente desplazas la puerta con sus vitrales coloniales que tan caros costaron en subasta.

Solo entreabres los ojos para ver el efecto de tu aparición antes de aparecer.

¡Sorpresa! Él no está a la vista.

Ese juego lo conoces, puede estar tras el biombo mirándote por las rendijas, avergonzándose ante el contraste de tu presencia celestial y su fuerte, pero común musculatura de estibador de muelles.

Levitas por la habitación sonriendo, sensual, moviendo las caderas en lascivia señal cantada de: «puedes saliiiir... no tengas penaaaa... yuuuujuuuu».

Te alarmas, necesitas ayuda de alguien.

—¿Servando? Servando... ¡Servando Cabrera Moreno[4], te estoy llamando! —Tu único Servando ha escapado.

—¡¡Noooo!!

Con él, las Bacarás y el vino, el Seiko que dormía en la mesa de centro, el cocodrilo muerto con el dinero adentro y el teléfono móvil, tu galán prieto con sus piernas fuertes, puede que los alcance y los traiga de regreso como cualquier enamorado.

—¡Sir Betún corre en mi ayuda! ... ¡Sir!... ¡Sir!... ¡Ohhh!

Buscas a tu hombre en la cocina, en el balcón. No está, pero no escaparía de sus encantos, debe estar desmayado en la alfombra, seguramente se te fue la mano haciéndolo esperar y lo venció la calentura, esas emergencias piréticas ocurren en Europa.

—¡¡Noooo!

---

4. Servando Cabrera Moreno (La Habana, 1923-1981) fue un pintor cubano. En su prolífica vida realizó más de 130 exposiciones. https://es.wikipedia.org/wiki/Servando_Cabrera_Moreno

El vidrio de la ventana de la cocina que da hacia la escalera está roto, el brazo de Chippendale fue el culpable y en el suelo brillan gotas de vino tinto.

Al bajar las escaleras Cecilia te comenta: «Mi amiguito, que miedo tengo, acaba de bajar un negro con una cara de bugarrón asesino y pajero que daba miedo, me miró con sus ojos botaós como huevos de gallina y con aquellas bembonas de tocineta que tenía me dijo: "¿qué bolá la mía?" Yo no contesté, pero vi el bulto que traía en el pantalón y los de la espalda. Seguro venía de casa de la loca del cuarto piso, no si cuando yo lo digo, en este edificio lo mejorcito somos tú y yo... Oye si vas a salir cierra bien toda la casa que la calle estááá... ¡mala, mala, mala!».

Regresaste al día siguiente al lugar del encuentro con una lámpara recargable para ver si encontrabas al traidor que seguro aún vagaba confuso y arrepentido, aquel que asombrosamente tenía más hambre que deseos y había despreciado tu belleza incomparable de varón discreto, culto y adicto al pecado nefando.

Miras en varias direcciones y en la penumbra de la lámpara recargable descubres un gracioso pretendiente que te observa, más bien te vacila con cara de loca deseosa. Dos centímetros de canas y a continuación cuatro de tinte negro-azul del que usan los magos, unas plataformas inmensas que parecían zancos y un cansancio que sobresalía de su cuerpo como una segunda aura te acosan a distancia.

Burlonístico como eres decides fletiperseguirlo y luego dejarlo calentúrico, para que aprenda que no se hizo la miel para el burro, que hay que estar en la última y disimular las plumas como tú que tienes chispa, cultura, maldad, *swing* y sentido común para entender la vida al punto de buscar un *punto* y hacerle creer que lo amarás por siempre, para que te acompañe e idolatre el resto de la vida.

Te le acercas, pegas la lámpara a su cara y comprendes...

Aquello no era simple marco vacío como suponías, eran tu reflejo en un espejo abandonado entre los marcos de la última feria y… EL TIEMPO.

15

Segunda taza de caldo

Desde su sepulcro Doña Encarnación de las Mercedes Alcázar y Oviedo, Condesa de Alcántara; observa atónita la prieta manita de dientes de coco que coloca una flor en su gozne de bronce y recita acompañada de palmadas en perfecta clave:

Por mis venas corre sangre
De tus venas abuelita
Por eso mi pelo es suave
Y mi nariz finitica.

En un crujido sórdido se fractura la lápida, de ella escapa en atrevido vuelo un fémur carcomido, la niña asustada dice a la abuela.

—Abue Caridad, la abue Encarna me etá echando miedo.

La señora, alisando sus canosas pasas le dice con ternura.

—No temas mi niña, es que ella nunca entenderá porque venimos a verla todos los días 10 de octubre.

16

2012, Romeo y Julieta

Nosotros somos una pareja bonita. Ellos se oponen. Tú gustas de las cosas rosadas con lazo, y si una costura esta torcida, viras la mercancía porque según tus hábitos todo debe ser ideal, milimétricamente estudiado y hecho. Amas los vegetales y la salsa bechamel que te preparo como se ama a los hijos de la vejez y tus manos de algodón nunca tocarían un machete, de acuerdo a tu teoría, alguien debe contener la belleza.

Yo me conformo con mi *pullover* de cuello limpio gracias a tus manos, con tener espacio para mis libros preferidos y mis cigarros que detestas, pero admites. Trabajo en cualquier cosa que me haga sudar y no me canso de obedecerte, no por falta de valor, si por exceso de valores.

Nosotros no nos besamos en el parque como otras parejas a pesar de estar más parejos que nadie, ni saludamos abrazados a los vecinos en las reuniones abiertas del barrio. Nos basta con socorrer a la borracha y el loco, darles pan a los gorriones y recoger latas vacías.

Cuando te penetro, tus entrañas me besan, retienen mi futuro hasta nuevo aviso y luego soy inmenso, fuerte, más varón que ninguno. Al terminar, el hueco de tus manos pesca estrellas para mí en el borde de la cama, como una de esas doncellas con vestidos alados que pintan en los libros de cuento, es que eres la dueña de todas las cosas sublimes y ridículamente dulces que conozco.

Juntos hicimos la cueva donde tropezamos con las sillas de hierro, enyuntados compramos dos sabanas y un mantel en rebaja, en el ponemos el hallazgo del día sin más opiniones ni quejas que la mordida lenta pero sonriente de decir: «no te aflijas mi cielo».

A veces sospecho que algo está mal, que suponer que todo está perfecto no es lo correcto. Afuera las casas discuten con el parque, el parque con la escuela, la escuela con los postes, los postes con las casas y nadie gana. Pero eminentemente la guerra es general ¿será lógico que nosotros vivamos con tanta paz?

Tú quisieras ir a la iglesia los domingos con mantilla negra como tus cabellos, yo soy ateo. Tú no parirás nunca, yo aspiro tener un hijo pelotero o mecánico. Tu padre divorciado me odia, mi madre viuda te adora, todo el mundo cuestiona nuestra insignificante vida.

Ellos, los sin *closets*, los enclaustrados y los normales comprenden todas nuestras diferencias, deducen que somos el uno para el otro, pero les asombra que nos llamemos igual y usemos la misma talla de calzoncillos. Tal vez debiéramos tomar algún veneno transitorio para complacerlos, pero no sucederá, Shakespeare ya está muerto.

17

Cien fotos de quince años

Caridad siempre fue una mulatica linda, sata y creída, hija de Oshun al fin no podía ser de otra forma. Desde que matriculo en el instituto preuniversitario de «El Vedado» supo que su vida no terminaría en el solar y sus hijos no peinarían pasas.

Decidió que el padre de sus hijos sería un blanco de labios anaranjados, pantorrillas de bate y glande rosado, celoso y a la ves romántico, con una madre que hablaría seseando bajito como las cigarras y llevaría batas de casa floreadas sin untarse cruces de cascarilla en el cuello. Le diría al hijo, el novio de Cary, que manejara con cuidado al regreso del *ballet*. El suegro, por su parte, se ocuparía de aconsejar al niño, novio de Caru como le gustaría decir al viejo, que fuera esplendido en regalos con la novia, el viejo adoraría a Caridad, a ella, como a la hija que nunca tuvo.

Una vez casados y lejos de su familia, ella, Caridad la del puente de La lisa, se alisaría el cabello con un producto extranjero que le daría apariencia de trigueña apenas quemada. Luciría tan fina con su ropa de hilo y sus gafas de aumento sin aumento que nadie imaginaria de donde había salido. En su carnet de identidad, incluso en su título de la universidad, en vez de las dos raquíticas L mayúsculas de municipio La Lisa, aparecería una enérgica V solista de Vedado, de Victoria, de Vogue.

A los dos años de regresar de su luna de miel en la casa familiar de Varadero, ella sentiría náuseas y le confesaría a Alex o Edgar o Enzo o a cualquier hombre atractivo de nombre raro que estaba en cinta. Lo vería llorar de felicidad desde ese momento hasta el día del nacimiento del tesoro de la familia del Vedado, se casaría con ella agradecido por el fruto de su bendito vientre, su rosada bebita nombrada Dadisleidy, que quiere decir traducido al español: la niña de papi.

Todo estaba claro, milimétricamente planificado en su mente. Lástima que el único blanquito bitongo que logró enganchar, se negara a asumir la barriga y los padres; sin llegar a conocerla le canjearan un cuarto con barbacoa en una ciudadela del Vedado y cien pesos mensuales por la libertad del muy *hijoeputasangandongo*, el *pichicorto*, el nombre que ya fue olvidado por común y feo.

La niña, su princesa, salió trigueña, clarísima, de cabellos lacios como sus sueños, combinando las curvas de su raza con la elegancia de la del padre, toda hibrido perfecto de África y Europa que superó sus expectativas y ella, Caridad, sería responsable de cuidar, alimentar y educar SOLA por el resto de su mediocre vida. «De pipi la situeichon».

Cuando Dadislady la niña de papi llegó a las quince primaveras, ya Cary había ahorrado suficiente dinero para demostrarle al mundo que su princesita era de clase alta, nacida en el Vedado, hija de una mujer emancipada del Vedado, que trabajaba en el Vedado y era jefa de núcleo y propietaria de un domicilio de El Vedado, que se ponía aparatos correctores de la sonrisa en una clínica estomatológica enclavada en el Vedado y cuando defecaba tupía el inodoro pero le pagaba muy bien a los plomeros de El Vedado, y no lo comentaban con nadie de El Vedado. Todo escrito con V de Vejez, de Vacío, de Vulnerable.

Todas las amigas de LA MUJER QUE VIVE... CERCA DEL AREA DE LOS TEATROS, sabían ya que a la niña le gustaba el vals, que en su fiesta se ejecutaría una coreografía finísima danzada por 14 amiguitas rubias residentes en el

área que abarca solamente La avenida 27 hacia malecón y desde la calle 12 hasta malecón, con vestidos
largos de aro, el de la quinceañera más grande, con muchas volantas y una corona de brillantes, alquilado en una
casa ubicada en 23 y F, que los *cocotaxis* escoltarían al
auto clásico descapotable de La Chiquita que vive en
17 entre A y B por toda La avenida 23 hasta llegar
al salón exclusivo de Ese céntrico barrio donde
se celebrará los quinces de Dadisladys, la hija de
Caridad la enfermera de... bueno si, imagínese, El
Vedado.

Haber cumplido misión en Venezuela —note que también se escribe con V— cuando Dadislady tenía 13 años
de nacida fue una bendición, la solución para comprar la
ropa, mejor dicho, el ajuar de la edad color de rosa de la
niña. Ahora la vestiría de señorita, la maquillaría, le de-
pilaría las cejas, la calzaría con tacones altos y la dejaría
presumir de todo lo que no pudo su mamá. Lo malo fue
tanto tiempo al cuidado de la tía, su hermana que vive aún
allá, donde el carnet tiene dos letras L.

El carro la recogerá en casa de la vecina, aquí no puede
parquearse, la entrada de estos apartamentos interiores no
se ve bien en las fotos y el vestido largo se ensuciaría al salir.

Ya llegaron los huevos a la bodega, faltan doce para
completar los setenta que lleva el *cake*. Cary tienes que
repasar las cuentas.

Bien, Caridad Pérez Pérez, débitos: Fotos, álbum, am-
pliación y video, noventa y cinco cuc[5]; Salón: doscientos
cuc; Coreografía, decoración, maquillaje, peluquería y
uñas de acrílico: ciento cuarenta cuc todo, eso está bien
mientras no sea una mierda; potasa para mi cabeza, o sea
desssrrisss de cabello crudo: ocho cuc; queratina tal vez
yo: cuarenta más; *Buffet*: cuatrocientos sin los eclears; helado: a cinco el galón, por seis son treinta; bebida: ciento

---

5. El Peso Cubano Convertible (CUC) es una de las dos monedas oficiales de Cuba (Nota del E.).

treinta, más alcohol y frutas del ponche que viene saliendo en otros diez; catorce cocotaxis: a ocho cada uno da ciento doce y descapotable a quince ya van ciento veintisiete cuc de transporte; abuela Lourdes que coja máquina de diez pesos cojone, que yo soy sola y no soy millonaria; Trajes de las muchachas: setenta, saco de los muchachos: veinticuatro y el galán diez, son ciento cuatro. ¡Hay coño olvidaba las famosas pestañas postizas, las invitaciones, los zapatos del galán que están en candela, la música; en total es más de mil!, creo que mi culo es una alcancía

Dice la mama que fue una suerte conseguir la matricula en la escuela de música, el violonchelo es un instrumento muy diferente a las tumbadoras y es de Europa, aunque Dady no lo toca muy bien se ve elegantísima cargando ese estuche inmenso que casi nadie adivina de que es e intriga a los transeúntes. Si no hubiera sacado el pie plano del abuelo materno, la hubiera podido apuntar en *ballet*, más fino todavía. También le hubiera pagado clases de francés para que su hija fuera la mejor, la diferente, la envidia de todas las blanquitas desteñidas de la cuadra. Que fuerte ver a su hija con amiguitas de Miramar que eran hijas de extranjeros con cubanas y le facilitaban casetes de música instrumental, que pasearían con ella por la acera mientras hablan en francés para que nadie entendiese; con ropa de andar regalada por ellas, las amigas de Dadys que otras niñas del vecindario cogerían para ir a fiestas, si se las prestaran. *Supercool* todo como dicen afuera. Cary haciendo postres y batiendo jugos… corriendo tras las frutas de la dieta de ambas… hacia los ensayos con un tutú en un perchero cubierto con *nylon* traslucido para ser visto, tomando té con «las otras madres de las otras niñas». Maldito pié plano. Bueno, al menos queda el violonchelo con su voz de maricón diabético.

Ya las cosas no son como antes, el vecindario de Cary está infectado de gente vulgar, gente que no merece vivir cerca de Cary y la hija de Cary, tan fina, tan sensible. Cualquier día recogerá sus cosas y las de la niña y hasta Francia no paran, ese es el lugar que les combina a ambas, solo allí las entenderían.

Es seis de enero y faltan solo horas para el vals. Del cuarto de la vecina del apartamento uno, sale la muchachita del apartamento uno C interior, al alzar el vestido de mil tules desteñidos se escapa una sayuela de lienzo empercudido con alambres chambonamente cosidos en forma de aro. Una mulata de cabellos quemados se agacha con urgencia a esconder la rustica intimidad y queda atrapada por el *flash* de la cámara fotográfica (foto:1). Automáticamente la linda mujercita sube a un auto antiguo de color rojo donde es ocultada por varias docenas de globos (foto 2). Catorce bicitaxis comienzan a sonar sus timbres en alegre caravana de jóvenes parejas con ajados trajes color tristeza ellos, desvencijados bultos de tull rosa ellas. Las palabrotas que grita el cortejo amortiguan las carcajadas burlonas de los transeúntes.

En el rancho rustico convertido en circo aguardan las mesas de hierro otrora pupitres, engalanadas con forros hechos de sabanas anudados con cintas de plástico rojas, como avergonzadas por el peso de inmensos ramos de exóticas y costosas flores importadas, lujosas, soberbias y abusadoras flores Tropiflora en jarrones de barro (foto 3). Bajo un arco de globos con motivos navideños se mosquea un *cake* barroco donde puentes, cisnes, fontanas y luces compiten con una muñeca de yeso vestida de largo y pierden (foto 4). Las sillas están ocupadas por múltiplos de dos, arqueando las patas en señal de alarma por exceso de invitados. En sendos tanques transparentes *icebergs* cubren las botellas sin etiqueta y una legión de moscas hace vibrar las cajas de cartón olorosas a mar refrito y merengue crudo recién mal batido (foto 5).

Una melosa bachata de «aventura» se detiene al sonido del claxon antiguo, todos corren, gritan, las mujeres aplauden y ocurre… llegó la quinceañera con las catorce parejas, se detiene el almendrón, baja Cary hermosa en su maxi de licra roja como un tomate; ayuda a bajar a Dadisleidy, esta última tuerce un tacón al caer y se escapa una porción abultada de blanco algodón, Cary urgente reubica el relleno en su sitio, nadie lo nota, solo el fotógrafo capta el momento (foto 6).

Ya en el suelo se escuchan los acordes del vals, Roly y su *jean* culiembutido corren a la cabina de audio, que no, que aún no empiezan, que faltan por llegar dos bicis y sin esos dos varones que bailan delante y son los más fuertes no sale el vals.

Y entonces Cary… ¡coño que empiecen ya! (foto 7). Y ahora Roly… ¿Y quién carga entonces a Dadisleidys con ese culón en la segunda canción? Cuando sigue Dadisleidy que… ¡esa es la que me gusta más¡, en la que doy más timba! además de… ¡Que se esperen pinga!, hasta llegar Cary abriendo los ojos y frunciendo el ceño con… ¡repinga no seas chusma el día de tu fiesta, hija! (foto 8). La poesía acaba cuando timbran vencedores las bicis que faltaban y se escucha el vals a todo volumen.

Las faldas se hunden en el Danubio Azul e inquietas las manos las sacan de los glúteos, algún tul se aferra a un clavo oxidado y cede con elasticidad, no sin antes romper la fila (fotos 9 y 10). La vos corneta de Roly cuenta un, dos, tres, con *crash* de acetato y aguja incluidos Los sacos encorvados marchan mirando hacia cualquier lado, unos rascan sus genitales como acompañando a la orquesta, llevando el *tempo* ritmo Vienes. Otros hurgan sus narices en busca de tesoros verdes y amarillos. Los menos bailan esmerados una encorvada contradanza criolla, el fotógrafo lo capta todo (tres fotos más).

Dadyslady resplandece, se sonroja, se avergüenza del alcance de sus posibilidades, de sus etéreos encantos; esconde dos segundos el rostro tras su falda, momento este que aprovechan otra vez el relleno de algodón y la sayuela indiscreta para hacerle guiños al fotógrafo (otra foto). Cary hace muecas de espanto a su hija para que baje el vestido, el *flash* la coge bizca, boquiabierta, con el índice apuntando cual pistola la pelvis de la chica (foto 16).

Termina el vals, es el momento en que Cary lee una carta a su hija por sus quince primaveras, por el paso de niña a mujer. Da las gracias a los invitados, a tanta gente que hizo posible esta fiesta, a sus padres que fueron su ejemplo de Cary y en especial a su abuela, Lourdes, que lamentablemente no ha llegado aún, pero seguro llegará porque es la invitada especial. Y empiezan a llorar todas sus amigas del policlínico, y las chiquillas de catorce años, y las mamás de las chiquillas de catorce años y todas las mujeres del barrio, y hasta la chismosa del CDR la aplaude a Caridad y todas las arrugas de su llanto. Del lazo ancho de piel canela ubicado en un área que comienza entre los ojos y termina sobre la boca de Caridad Pérez Pérez se fuga un viscoso hilo, el obturador de la cámara suena (foto 17). Y sigue ella diciendo que estos quince son su noche más esperada, y que no importan los sacrificios para atender a las personas que tanto apoyan a su hija para los cuales es también la fiesta, es de ellos, su fiesta, y que son los quince de todas las mujeres del mundo, y viva el ocho de marzo, y no se pongan así que esto no es un velorio.

Comienza el segundo baile, el de las minifaldas, en el que cargan a Dadisleidys. Carajo se le olvidaron los *bloomers* y al abrir las piernas el fotógrafo frente a la tota de la niña (foto 18), Chacal y Yacarta de fondo seguido por el Yonqui... «Timba pa que suene». Esta parte Dadys la baila con el blanquito más oscuro de la fiesta, o el negrito más claro, no se definir, el de moña *altaamarilladesrizada*, el de los dientes de oro. A Cary no le gusta la forma lasciva en que bailan, se miran cómplices, se ríen y se muerden los labios torcidos y mojados, se frotan las pelvis. La niña a la *maylove*, y el negrito porque ahora si se nota que es negrito con su cosa de «negrón parada», y la lengua de la niña de papi completamente fuera de la abierta boca, y el culo *empináo* hacia el ciudadano de color, y otra vez el fotógrafo de mierda ese *shitsss* (foto 19).

En la coreografía llega la cargada final, el único pájaro del vals se entretiene mirando unos globos y acaba con el acto danzario cuando el ruido de una cabeza contra el suelo le indica que debía sostener a la homenajeada: huuy…upss… uff… *sorry darlyng*… La sangre entre los bucles de la homenajeada llama al *flash* delator (foto 20).

La niña que se levanta y se suelta el cabello, madre con pedazo de hielo y no sucedió nada grave. Las miradas se dirigen a un solo lugar sincronizadas, el sonido proveniente de los estómagos es un concierto de Peyo el Afrockan junto a Tata Güines. El *buffet* se asusta cual Esther Borjas, el silencio amenazador ya no distingue quien es de La lisa ni quien habita en El Vedado, solo Caridad con su voz de ¡Es por «tiquetes» ¡parece decentemente *Vedadense*.

Suceden empujones disfrazados de tropiezos que desbaratan bucles, hay croquetas asomadas en las comisuras de los labios, rímel de pestañas y ensalada fría que se mezclan en los ojos, panecillos que se elevan para posarse veloces en alopécicas cabezas. Un charco de cerveza y algo más provoca un resbalón a Caru, camino al suelo se intenta sostener de alguien, pide disculpas, devuelve un moño postizo color café y escucha un «no me parece» que precede a una galleta, gaznatón, galúa, raspa polvo, yitty, avión, en fin, un pafata esto es un palo por la cara a la enfermera de 27 entre A y B. El fotógrafo no se detiene más en toda la noche, descubre bocas llenas y abiertas, borrachos dormidos, muchachas bailando hasta el suelo escarranchadas y descalzas, viejas de jabas llenas. Acaban la noche desamparada Dady`s y desmallada Cary en una ambulancia que chilla hasta el Hospital Militar Carlos J. Finlay por ironías del destino.

Doce de agosto, luego de ocho meses, serán recogidas las fotos de los quince de una estudiante de violonchelo residente en el Vedado, cuya progenitora es una mujer del Vedado. Luego de pagar la otra mitad del exuberante precio acordado con un fotógrafo del Vedado, que habían sido retenidas hasta ser liquidadas en el Vedado, con dinero de la venta de la cuota alimenticia de la libreta del Vedado.

Caridad aprisiona contra su pecho el sobre de manila sellado, valió la pena tanto sacrificio si al final el desastre de la fiesta se olvidó y solo las fotos quedan para siempre, guardadas en el Vedado, como fieles testigos de que su hija tuvo la mejor fiesta de ese reparto, esa zona residencial, esa privilegiada élite de la que forman parte Dadisleidys Goicochea Pérez y Caridad Pérez Pérez… El Vedado.

Despega el sobre, cierra los ojos un segundo para disfrutar el momento, suspira y tras una leve, romántica y soñadora pausa, se dispone a ver las cien fotos de los quince años de Dadys.

18

El secreto

Desde que Ana conoció a Vladimir encontró la paz. Él le llevaba granos de alpiste al nido extendiendo sus alas de animal poderoso, surcando el barrio como un ángel surca el infierno, a toda velocidad para no quemarse las alas. Ella cada vez que lo veía venir, maquillaba su cara con afeites desconocidos que escondían un no sé qué triste y peligroso: un secreto.

Vladimir no olvidaba prepararse para Ana. De impecable blanco calzaba sus pies de centauro, lavaba su rostro con rocío de suavidad y partía escondido a buscar los preciados granos para la paloma triste. No había amor más puro ni secretos más ocultos que el de aquellos dos mudos, lloraban por separado su insinceridad y les dolían el temor a una ruptura y el desconsuelo de tener que conformarse con unas pocas horas juntos para café y miradas. Nunca se hablaron, solo se rozaban con las manos, se olían y contemplaban como cuadros de museo, dándose aliento para continuar vivos entre tanta muerte.

Aunque el pueblo era grande, Ana y Vladimir eran conocidos, los mantenían entre dientes perennemente, velando sus pasos transgresores por el bien de la humanidad, vigilando a esos peligros comunes y despreciables que no tenían vergüenza.

Diez años y tres neumonías después, ella le confesó la pena de su sangre, la moda de los médicos, la incurable plaga del amor y su antigua lujuria. Solo entonces él, avergonzado, le contó el origen del alpiste: el cuerpo de otro hombre.

Cuando cerraron los ojos, nadie creyó la historia.

19

Escultura de un potro herido

C uba 1995. En los tiempos que corren «la calle» es una selva, solo los fuertes sobreviven, los débiles son devorados. Para algunos no hay más espacio que «la calle» y apuntarles con el dedo inquisidor es muy sencillo. Juzgar la limpieza de sus almas es peligroso, en el intento podemos tropezar con nuestras propias inmundicias dormidas.

Ellos dos se fueron del pueblo a ventilar un sentimiento que creció poco a poco en los paseos por el monte cazando tomeguines y recogiendo guayabas cuando aún no les habían crecido los pelos de allí abajo. Después de adultos probaron muchas hembras de diferentes especies y siempre quedaban incompletos.

Un día empezó a llover. Se les ocurrió encuerarse en el potrero, comenzando a descubrir otros instintos, a notar que se parecían a los animales, y entrarse y salirse del cuerpo mutuamente era un placer posible, más rico que bañarse en el rio templando mujeres, más sabroso que el gusto de los primeros mangos de mayo, esos que arrancaban directamente del copito de la mata donde solo ellos y los pájaros llegaban.

Se adaptaron a saciarse entre ambos. Las guajiritas, los carneros y las matas de plátano dejaron de interesarles. Tal vez no estuvieron nunca destinados a hacer cría. De cualquier manera, no les molestaban embarrarse sus morrongones de hombrones rudos con la humedad del culón del otro. Como animales aguantones, se inclinaban hacia adelante con las piernas abiertas y firmes para recibir al otro que se regocijaba clavando con los labios apretados para tener más ímpetu. El de abajo relinchaba de dolor, pero aguantaba como las yeguas cuando eran atravesadas, maltratadas en el lomo por sus potros. Solo se la metían un ratico cada uno para no dañarse. Luego imitaban a los terneros con cuidado de no arañarse con los dientes los rosados glandes, viendo salir la saliva mezclada con semen por la comisura de los labios con la mirada perdida. La fruta más rica de lamer era la ahuecada hendija entre las pompas de varón, devoradoras de dedos, plátanos, pepinos, claveles y otras exquisiteces inconfesables. A veces con flexibilidad de ramas verdes se encorvaban para meterse en la boca el tronco de su propia picha. Uno frente al otro en sublime acto mirandose a los ojos del otro como en un espejo. Ningún encuentro era igual al anterior, constantemente descubrían una nueva silaba del interminable alfabeto erótico que copiaban de las bestias que los rodeaban, sus intercambios eran difícilmente repetibles para el resto de la humanidad civilizada.

Era tanto su goce que cada vez que templaban, tomaban forma de tornado, arrasaban la mala hierba y las plagas, dejando en los surcos solo las plantas, las flores y los frutos superiores, limpiaban el paisaje como un purificador natural.

Con el tiempo se fue comentando en el pueblo que aquellos dos eran diferentes al resto de los guajiros, que sus sembrados eran prósperos por que los regaban con el semen que se ordeñaban al amanecer y para colmo eran demasiado lindos para ser machos. Las mujeres se persignaban al verlos y volteaban la cara haciéndose cruces en el vientre para alejar la tentación de ofrecérseles. Los hombres se rascaban los huevos y escupían con desprecio, asqueados por una envidia que no era más que admiración con rabia. Cansados de todo eso los chicos se marcharon a la ciudad.

Ahora Jesús y Félix lo hacen delante de gente extraña que se viene con las ganas de tocarlos, y pagan por mirar lo necesario para que puedan vivir. En otra dimensión ese amor serio privado, exclusivo, pero esa otra dimensión requiere de billetes, muchos billetes que se están demorado demasiado en reunir. Por suerte su clientela es menor que la de otros, pero de mejor estatus. Actuando de esa forma el cuerpo se les salva de lo que sufren sus almas, esa promiscuidad que empaña el amor que se sienten. Hubo un debut en el infierno.

Es de noche. Suben por el Paseo del Prado a buen ritmo, los bancos los desnudan lamiendo los prominentes bultos de sus genitales y sentaderas. Son trigueños ambos, de ese tipo de hombres que provocan arrodillárseles en cueros y gritarles que te singuen o te maten como una perra. Una burbuja de testosterona los rodea resguardando los inflamados bíceps y tríceps, por las hendijas de tela y los bordes de la ropa se ven tatuajes diseminados en los cuellos, los pectorales y los antebrazos de hierro, obras de arte que le paran los pezones a cualquiera. Lucen bocas y mandíbulas predispuestas a morder, a ofender sin clemencia mirando con ojos que prometen dolor y placer juntos, inexplicable mezcla de sensaciones que a veces, por causas desconocidas prefieren —aunque lo nieguen— los amantes del pecado nefando. Son dos tipos de la calle, como dice Gunter «bugarrones versátiles que tienen pá comer y pá llevar».

La madrugada en que el alemán los descubrió e inventó este negocio para ellos, estaban recién llegados del pueblecito lejano. No tenían ni gota de maldad aún. Abrazados por el frío en un banco ignoraban los designios que les deparaba el destino. Viéndoles, Gunter quedó impresionado con la belleza del hallazgo. Eran dos gladiadores entrelazados con los rostros casi fundidos en un beso filial, a pesar de lo fornido de los cuerpos traslucían inocencia, desamparo.

Cuando se tiene cierta experiencia en el vicio como la de aquel alemán no hay nada más atractivo que aquello que está por despertarse, por descubrirse, por pervertirse. Los dos tipos, *cheos* dormidos resultaban acojonantemente *sexis*. Se fue al cajero automático y saco efectivo; en el bar más cercano compró una botella de vino, varios sándwiches y un paquete de galletas dulces, con su bolsa llena como Papa Noé. Regresó y se le sentó al lado, abriendo la bolsa para que el olor a comida hiciese su trabajo. Estaba decidido a todo, los rosó intencionalmente varias veces para despertarlos.

Jesús fue el primero en reaccionar.

—Coño Félix estate quieto.

—Estate quieto tú, yo no me he movido, estoy medio bobo con ese olor.

—Olor a qué, yo no siento nada.

—Estás tupido del hambre guajiro, es olor a bocadito de jamón y confituras.

—Boquetero, estás delirando del hambre, te confundes, eso debe ser olor a pedo mijo, el aire antiguo de tus tripas vacías.

—Apretaste «el mío».

Se ríen e incorporan las hermosas cabezas, no se asustan con la presencia del extraño, como son bellos se despierta sin miedo a ser descubiertos babeados, sin acomodarse las melenas, simplemente abriendo los ojos para adornar la madrugada. Salvan la velada del alemán curioso que se presenta en su intento de idioma español *chamuscado* y mal conjugado.

—Hola yo soy Gunter, su *amico* alemán, por *servirte*, perdón ¿ser…vir …les?

El atlético calvo fracciona en silabas la última palabra y en vez de ofrecerles la mano extiende la bolsa de alimentos en sustitución del saludo.

Los tipos se miran uno al otro buscando una aprobación que se conceden sin mediar palabra y se sirven del contenido como bichitos felices, atención especial reciben las galleticas dulces. En las miradas no hay miseria, es solo el efecto del deleite infantil que no tuvieron en su tiempo.

Cada gesto que hacen hechiza al turista. Luego de sacudirse las manos se presentan como dos recién crecidos que se saben en el límite encantador entre muchachones y hombres hechos hace apenas veintitrés años.

Como siempre Félix disipa el protocolo con imprudente chispa.

—Yo Félix, él Jesús. Nosotros novios, no prostitutos. Pero aceptar amistades y servir de guías... ¡ah y gracias por las galleticas!

—Carajo Félix estás hablando en indio, tumba que este yuma lo que está es pa cosa con nosotros, mira como nos vacila.

—No importa, de *jodio pa´alante* no hay más pueblo, podemos hacer tiempo, sacarle algo y después ir plancharlo, tenemos que salir de esta situación, ya no queda nada de dinero, el tembíta este puede ser un enviado de Orishaoco para resolvernos el Ilé. —dice Frank.

—¡Ni se te ocurra inventar nada raro! —responde Jesús.

—Cállate y confía en mí.

Se levanta acomodándose el rabo con disimulo de manera que se marque el bulto y se para frente al extranjero. Con las piernas separadas y la pelvis hacia delante, sube los brazos fingiendo estirarse en un ruidoso bostezo que ni el mismo se cree y comenta:

—¡Ahhjj!... ¡Qué clase de cansancio!... doy cualquier cosa por un buen baño y una cama caliente para tirarme un par de horitas, cualquier cosa… —Esboza una sonrisa antes de seguir hablando—. ¡Cualquier cosa de verdad!

El calvo ríe con ironía, siguiendo el juego de la seducción, les saca ventaja en el mundo de la cabronada nocturna, esta es su octava visita a Cuba y sabe más del Paseo del Prado que los Leones de hierro que lo custodian. Estos pepillos son novatos y atípicos, por eso se presta al juego.

—¿Cualquier cosa? —indaga el extraño.

—Bueno casi cualquier cosa.

—¿Hasta sexo?

—¡Félix no sigas! —advierte Jesús alarmado, mientras el calvo continúa.

—Y darles el dinero después que todo acabe.

—No loco, eso sí que no, el muerto delante y la gritería detrás. —le aclara Frank.

—Tengo cien dólares de más que por tener sexo con ustedes convertiría a gusto en cien dólares de menos.

La cifra es una campana que finalmente despierta a los dos muchachos, dijo cien que multiplicado por dos, son doscientos, doscientas esperanzas de alquiler, frijoles y fantasías. Con cien fulas era suficiente para empezar el camino al futuro, al fin de cuentas la moralidad y el hambre no caminan juntas; además el cuerpo no es como un jabón que se gasta. Por una vez que lo hicieran, no dejarían de ser ellos.

Las mismas caras de comprobación de las galleticas y la misma mirada de aprobación fueron el inicio de la carrera a la habitación rentada en el edificio de Consulado y Virtudes. Las escaleras interminables se oponían a la decisión de Félix y Jesús, los cansaban poniendo a prueba sus voluntades. Ellos aceleraban el paso inspirados por el bolsillo de Gunter con miedo a que alguno de los tres se arrepintiera de lo pactado. En el fondo no querían venderse y si tenían que hacerlo el trago amargo debía beberse rápido.

Gira la llave y los goznes de la puerta ceden dejando ver la espaciosa sala, el pasillo y la puerta del cuarto, al abrirla una cama redonda y muchos espejos les hacen abrir las asombradas bocas sin emitir sonido alguno. Todo en rojo y negro el cuarto huele a hierba quemada pero rico, muy rico, tanto que cierto relajamiento se apodera de ambos. De su bolsa Gunter saca la botella de vino, toma tres copas y distribuye el líquido a partes iguales. Como si andar desnudo fuera lo más natural del mundo, el temba se quita la ropa mostrando un ajado pero ejercitado cuerpo. Distribuidos en él exóticos tatuajes disimula lo que parecen ser cicatrices, cortaduras y moretones antiguos, el símbolo del suástica nazi custodia el ombligo.

Jesús se asusta, Félix casi se caga de miedo y el tipo hace uso de una inteligente verborrea perfectamente legible, con una coherencia opuesta a todo el teatro que había representado hasta entonces.

—No soy alemán, soy ruso y estoy aburrido de venir a Cuba a singar barato, de joven fui actor porno, específicamente sadomasoquista, pero ya mi cuerpo está aburrido y gastado, busco cosas raras que me sorprendan. Me percaté perfectamente de que no se dedican a esto y querían joderme, calentarme y dejarme en eso o robarme sin hacer nada de sexo. —Su pálido rostro es una pared negra—. No me molesta, paradójicamente me parece interesante cualquier situación extrema como la que supongo los obliga a intentar hacerme trampa sin ser expertos. —Enciende un cigarrillo, fuma y expulsa el humo hacia arriba—. Soy un bicho esplendido, les tengo varias opciones para que escojan la que prefieran sin que salgan muy perjudicados, al menos eso espero. —Sacude la ceniza en el piso al tiempo que va enumerando—. Numero uno, singamos los tres, pero estoy muy viejo para ustedes y creo que se aman demasiado para eso. Numero dos, se me entregan de uno en uno sin verse entre ustedes, pero igual terminarían separándose por rencor y celos. Número tres, singan entre ustedes, yo miro y no les pago nada. Número cuatro, empiezo a gritar que me están asaltando y en menos de diez minutos están presos y acusados de asedio al turismo. —Terminando la frase, alza su copa y bebe hasta el final.

La impotencia es la causa de la ira que no deja reflexionar a Félix, nervioso se abraza a Jesús, éste con rabia lo empuja.

—Te lo advertí, no inventes Félix, no inventes, pero tú eres el bárbaro de la película, el autor de las grandes ideas.

El otro se empeña en darle un beso implorando perdón, pero no es aceptado y al esquivarlo las manos presionan demasiado fuerte los labios, haciendo brotar un hilo de sangre. En un intento de reparar el daño causado, Jesús regresa a la boca en un beso lagrimoso y como no es recibido en el primer intento insiste, lo obliga, se impone.

Acostumbrados a tratarse fuerte y excitarse automáticamente la pelea toma otro camino. Incontrolables se rasgan las vestiduras, los penes burlan la ropa interior buscando un hueco donde meterse alternando la pasión con la violencia necesaria, no se define a simple vista si se odian o se desean, pero hay lujuria en el ambiente. Los espejos arden y el alemán se hace a un lado para pajearse mirando semejante batalla, tiene que detenerse varias veces para no venirse y aun así chorrea. Frank y Jesús son dos bestias de músculos tensos y goce proveniente del dolor que difícilmente Gunter olvidaría, finalmente quedan en paz revolcados en la leche de los tres.

El chantajista que los amantes habían olvidado mientras se cogían, aplaude y complacido lanza al suelo doscientos dólares, una lluvia de billetes de a cinco les llena los ojos y una frase se cuela en sus oídos.

—Creo que en lo adelante haremos negocios ustedes y yo. —exclamó Gunter.

Ese día el extranjero les consiguió el alquiler donde hasta hoy viven y en cuanto quedaron solos Jesús lloró mucho.

Por Gunter descubrieron que había precio para casi todo en la vida y lo que para ellos era natural para otros resultaba raro, interesante al punto de pagar mucho por verlos. Durante todo el año Gunter les mandaba turistas, no fallaba porque tenía su por ciento de ganancia y pago en especies cuando venía. Los belgas, noruegos, franceses y arios de todo tipo siempre se portaban bien, eran esplendidos con el dinero y le recomendaban a su vez a otros visitantes que no se perdieran el excitante show de *Los caballos cerreros*.

Hoy los integrantes del público son cuatro robustos con blanquísimos lomos de búfalos diferentes a todos los anteriores. Parecen tener maldad reflejada en las ojeras, en las pulseras de cuero y metal que lucen en los puños. No miran a los ojos cuando hablan y hacen señas intrigantes cuando suponen que los cubanitos no los miran. Pero se equivocan, Jesús los descubre a través de los espejos.

El lugar, aunque es el de siempre, huele muy fuerte esta vez, a quita esmalte de uñas, marea un poco cuando se cierra la puerta y se colocan alrededor del circular y acolchonado escenario donde antes de empezar ponen muchos, muchísimos billetes de CUC que disparan la imaginación y la libido de los aparentemente experimentados actores.

—Ven acá machón que te voy a romper el alma pá que estos conozcan lo rico que eres. —dice mientras le rompe la camiseta.

—Lo que me vas a romper es el prepucio, voy a hacerte mi puta. —Ya está abriéndose la portañuela.

—Eres muy flojito pa eso puta.

—Puta mi pingona, mama singáo…

Lo toma por el cabello obligándolo a meterse el erecto pene en la boca y… extraños sonidos onomatopéyicos emiten el contacto con la garganta deseosa del arrodillado. Empiezan los potros a aparearse y los búfalos olfatean diminutos pomos color ámbar.

—Ahora te toca a ti. —Se vira.

Empiezan la pelea cerreros, toscos, se empujan, se aprietan, se golpean y se cogen los huecos con las piernas firmes, al rato Félix que está siendo clavado de frente lleva las manos a las caderas que lo penetran y las hala fuerte hacia él, golpeando sobre su espalda está el rostro del poseedor.

El raro olor a quita esmalte les llega, ahora todo es lento. El pene la entra y sale muy despacio, los ojos se comunican en algo que parece llanto goloso en uno e ironía en el otro que la saca despacito, la enseña mordiéndose los labios, la mete de nuevo muy duro y rápido, escupiéndole le cara, mete un dedo paralelo al tronco de la verga y lo mueve dentro, sobándose la morronga en la improvisada vagina masculina, la cintura no se detiene más, tampoco las manos de los espectadores.

—*Yes, fuck him, fuck him, fuck him.* —se escucha.

Los búfalos olfatean ahora para quedar idos, jadeantes, deseosos de entrar en acción. Ya los recipientes que alimentan las narices no son pomos, es el cristal de la mesa de noche rayado por franjas de polvo... podrían ser bicarbonato... talco... da igual, solo franjas de un polvo desconocido para Jesús y Félix. Los equinos no notan el cambio de actitud provocado por los frasquitos de oler, ignoran que la manada está enfurecida con lo que ve, dispuesta a atacar.

También ellos están atontados y se sienten más calientes que de costumbre, ese olor les empeora las cosas. Cambian los roles.

—Aquí los dos somos machos. —intenta revindicar Jésús.

La cama suena con las embestidas, hay bocas abiertas por todos lados lamiendo el aire. Las miradas están enfocadas en un mismo punto, el rostro del que se entrega enardecido. Con premeditado descuido los extraños acercan los recipientes de la perdición a las narices de Félix y Jesús que obligados a respirar profundo o morir asfixiados sienten como se les entumece la cabeza y empiezan a pensar lento, rico. Más… mucho más *sexys* que nunca. Ahora hierven de deseo sin frenos ni fronteras.

Mueven las pelvis como orates, se contorsionan, rugen invitando a los cuatro animales restantes a sumarse a la acción. Jesús abre las piernas como una jeva y en él entran cinco dedos que Félix aprueba sabiendo que no le pertenecen y hasta le gusta ver la cara de placer que pone, no se asombra cuando abre la boca y pide más, ahora es él quien alista la ancha palma de la mano para masajearlo por dentro, dilatándolo más… y más… y más…, ofreciendo el suculento túnel de su amigo para que todos los visitantes en fila entren. Le acaricia las mejillas con cada pene que le acerca al rostro para que chupe. Colorea con los labios las bolsas de todos los testículos que bailan a su alrededor. Se embarran con todos los sudores del festín olvidando consecuencias, solo importa el vaivén de los seis cuerpos con sus seis pingas, seis culos, seis pares del resto de las cosas. En el reguero de tatuajes no ven el segundo en que uno de los rubios mete el puño más allá de lo posible y esconde el brazo completo en Jesús que lo asume sin dolor ni daño aparente. Ya Jesús no es el novio de nadie sino una vasija sin escrúpulos llena de semen. Con sed desesperada Félix bebe hasta la última gota de leche rojiza y tibia que brota de su pareja. Los demás se van retirando lentamente al baño para dejar en la ducha cualquier recuerdo de la pareja que acaban de romper.

—*Good cuban ass fist…* —dice uno de los gorilas.

Ya solos, desde la ducha Frank escucha un llanto desconocido, al principio no sospecha que es su novio pues llorar no es en ellos una opción posible, pero luego reacciona, indiscutiblemente es Jesús, su Jesús y algo que lo derrumba al otro lado de la pared.

—¿Qué te pasa papo?

No responde con la voz, es la mirada aterradora a su entrepierna ensangrentada la única respuesta. Los dos cuerpos abrazados son como el primer día, otra vez una escultura, ahora de hielo.

Uno de los potros quedo irremediablemente herido, el otro no recuerda ni su nombre, Regresaron a la manigua, pero ninguno de los dos volvió a trotar.

20

EL ESTRENO

Será tu primera vez y la lluvia entra pertinaz por la ventana, como presagiando inútilmente que harán falta humedad y paciencia para horadar la virgen puerta de tus placeres futuros, esa que no volverán a cerrar ni todos los trajes de novia del universo. De cualquier forma, una boda no sería posible, más bien esa aspiración sería un lastre.

Haber descubierto que no te entregó los libros cuando te ofreciste a cargarlos en tus piernas por que le crecía la hombría a causa de tu frescura de limón, fue el resorte que disparó tus ganas, tus incoherentes ganas de ser su mujer, su hembra perversa de saliva y empuja que no me duele. ¿Cómo podrían dolerte estas fantasías de muchacha violada por un hombre, Hombre, HOMBRE de este tipo de caligrafía rara, de esta barba de acero y estas ingles de titán vencedor? ¿Qué podría doler en esa cabeza que arquearías con los ojos perdidos en la nada o en el todo ¿doler como esa carne dura que te llenaría de animales salvajes rugiendo y pidiendo más, mucho más de lo que te entra y sale.

Siempre se habla de las primeras veces con sabor a miedo en las palabras, ignorando que hay gente segura de sí y segura de los que no están seguros de sí. Gente segura por los dos, que seguro hacen falta para un sí rotundo entre dos. Gente trabalenguas, sin trabas como tú.

Allá van la ropa interior de mamá y tú, la colonia dulce y tú, las cremas, tú, tú y tu putería marchando juntas a la captura del tipo malo de treinta años, abusador de la gente joven, gente primavera a los 18, tú.

Ramón, así se llama. Hasta ahora solo intentó asustarte con su falo inmenso, empezando con sus dedos de cuchillo que entraron sin permiso, tratando de hacer daño sin encontrar la resistencia esperada. Se regodea en tu cara inventada de que miedo tengo y no conozco nada, en tus piernas cerradas como cofre y tus manos abiertas como playas.

Pero cuando te desnudas lo haces en nombre de todas las «no mujeres» que tropiezan con un «no hombre», con el descaro de muchos siglos de frustración y encierro injusto, e inútil, a fin de cuentas, el placer siempre se filtra como el techo de las construcciones modernas.

Al saberse cazador cazado se desbarata el travesaño de su H y las dos barras laterales caen cruzadas, la O se desinfla asiendo silbidos, la M abre sus piernas como una meretriz hasta convertirse en una línea a ras del suelo, la B pare dos veces y es una I de inútil, su R nalguda cae boca abajo para que la E, con un condón en el palo del centro, la clave repetidas veces.

Como eres tú quien quiere, el tipo se frustra y no reacciona.

¡Hay Esteban!, que así te llamas, nunca tienes suerte para inventarte violadores.

21

Historia del héroe insignificante

La ese de su atornillada columna levita sobre un burrito de aluminio, aun así, danza como sílfide traicionada por las malditas circunstancias.

Durante nueve noviembres estuvo esperando.

La tarde en que parió, los gorriones hicieron una corona de siemprevivas que colocaron en el cuello de la guerrera para que no se sintiera sola en las alturas. Abajo, los ratones limpiaron los agujeros de las paredes haciendo espacio a un desfile de gnomos con sacos de semillas secas. En el centro, junto a su cama, un perro sin raza definida lamía la placenta con más amor que hambre. La tenue luz de una ventana fue el primer beso de amor que recibió el bebe, el segundo fue el de los deshidratados labios de ella y el tercero aún no llega.

Él, Tito, no conoce el valor del tiempo, los minutos son solo ositos de peluche con los que juega sin responsabilidad hasta hacerles perder el relleno. Cuando recorre las calles les cuenta a las nubes sus más íntimos problemas con la certeza de un consejo que nunca llaga y siempre espera. Conoce a todos los vecinos y les regala copiosas sonrisas que guarda en el bolsillo izquierdo de su camisa de rayas color esperanza. Es el niño más feliz del planeta.

Su palacio es muy oscuro, sin embargo, todos los tesoros se ven excepcionalmente resplandecientes. El video VHS de ver Walt Disney avergüenza a los DVD de moda, los soberbios jarrones de porcelana de las dinastías TRD y

Habaguanex dan la bienvenida desde sus tronos de mimbre en los casi tres metros cuadrados del salón principal, a la izquierda, la escalinata de dos pasos conduce al cuarto de baño y la cocina, donde el pan hace malabares, pero no se ausenta, luego de esta reposa la reina en su lecho de *siemprealegre, siempreespera, siempreaqui*.

En el ala izquierda, dibujada con crayola en la pared, está la entrada del dormitorio del príncipe heredero, con sus cajones de mago y su milimétrico baño privado. Un monedero elástico con dibujitos infantiles mece tres monedas de veinticinco centavos dólar. Solo entrar en ese techo mitad tejas mitad cemento es una deliciosa sensación de paz comparativa. Cuando se suman aproximadamente trece por tres metros de posesiones y las dos carcajadas de sus rostros, se comprende mejor lo necesario para vivir.

Entre China y Tito existe esa complicidad que brota de las cosas concatenadas, una especial predicción del pensamiento que sorprende al más avezado adivino y si de adivinos hablamos Tito es de los que no pueden faltar en la lista. Haciendo bajar el espíritu de su gitana llena de humo todas las habitaciones y describe el universo siete días antes del ahora. Antes de los ciclones entra en trance, cubre el área de las tejas con una coraza inexpugnable a prueba de vientos, por eso sus cabezas permanecen invictas año tras año para el bien de la humanidad.

Otro tanto sucede con las visitas no deseadas, las ve sin llegar, les brinda café sin dárselo y se van contentos sin haber venido, agradeciendo al día siguiente tanta cortesía.

El perro sin raza es celoso como los negros que se casan con mujeres rubias, o como los rubios que viven con otros hombres negros, celoso a morder. Aun cuando sus dueños se dan caricias de esas de madre e hijo, el canino ladra y ataca sin contención, sin respiro, vociferando sus celos de animal fiel y guardián absoluto.

Un día a Tito le robaron el corazón, se entregó al punto de vaciar su cuerpo. Entonces no pensaba ni comía, ni iba al baño, ni hablaba. Pero el otro no le correspondió ni le devolvió el rojo fabricador de latidos, solo usó su cuerpo hasta secarlo, dejándolo para siempre hecho una sombra andante, muda, ciega, sorda sombra del que fue un alivio para las tristezas del barrio.

Todos indagaban a donde había ido el ladrón, quien era, como había logrado robarse el botín sin dejar rastros, pero nadie logro averiguar nada al respecto. La China, esta vez había perdido la cobertura como un teléfono móvil no asignado a ningún abonado y los tornillos de su columna se aflojaron sin remedio aparente.

Al tercer día, de la tercera semana, del tercer mes, del tercer año de desesperante silencio, paso un poeta frente al palacio.

Era de esos poetas que se enamoraban del amor y no de las personas, escuchó la historia de China y Tito y al momento quedó prendado. Escribió durante horas una nueva versión de *El cantar de los cantares*, esta vez sin mojigatos límites, llamando a las cosas por su nombre, al pan cuerpo y al vino sangre. Recitaba una estrofa por minuto al llegar la noche, sin parar, con la misma pasión hasta el amanecer, quedándose dormido en el alfeizar de la diminuta ventana de su amado tito, tostándose al sol.

El principito era sordo a la poesía hasta un día en que el ladrón volvió y quiso llevarse:

Tres suéteres de colores estridentes
Una navaja con las llaves del infierno
Un collar de santería
Una pantalla de lámpara sin bombillo
Dos pañuelos de nariz y……. La paz.

Esto último ya era demasiado, el poeta despertó y su anatomía se irguió por encima de las matas de mango del patio, sus venas se hincharon convirtiendo su garganta en un roble, una serpiente gigantesca que amenazaba con tragarse el mundo. Disparó versos en un idioma extraño con tanta fuerza que su lengua se deshizo. El ladrón huyó sin mirar atrás, dejando caer de su bolsa una cajita diminuta donde escondía, bien doblado, el corazón de Tito.

El poeta lo tomó con la yema de los dedos, como si se tratara de un lente de contacto, lo colocó en el hueco de sus manos y se lo devolvió al dueño. Durante un minuto esperó una recompensa, una boda, la corona, al menos una palabra de esperanza que lo ayudara a seguir en el alfeizar. Como ya no podía hacer preguntas transcurrieron once meses de silencio y espera.

Al año, comprendió que debía partir, parecería absurdo, pero al príncipe alegre solo le gustaban los ladrones.

22

Tres letras, seis párrafos y una oración resuelta

- Él lo mira con frescura de col mientras traga las palabras que lo atormentan, que le impiden intentarse dueño por los siglos de los siglos amen. Los ojos, cómplices, dicen todo lo que las bocas quisieran, no es suficiente.

- Hay algo más importante que las bocas, los ojos y las palabras mismas que habitan el cuerpo, sabe que Él y Él están por encima de todo, por eso se vuelve al inicio de este párrafo, hasta la anarquista coma y el ciclo se repite.

- Quizás si por algún motivo ajeno, se hablara todo desde afuera, todo se resolvería, con palabras altruistas como otras veces cuando hablabas de otros, inspirando tolerancia, compasión, amor.

- De nuevo regresa la jodida palabra AMOR, del grande, del puro, un amor del carajo que teme perder por el principio del segundo párrafo, hasta pensarlo aterra.

- Sabe de gente que corre ante ciertas siglas, que se caga extraoficialmente sin saber cuántas veces las rosó, las poseyó, las besó. Gente cuyo hábito es gastarse el cuerpo sin envolver sus fragilidades, con dedos de cañón que anulan la posibilidad del cuarto párrafo de este cuento… ¿cuento? Gente que merece pasar al párrafo dos sin el uno, generalmente sin aspiraciones de un cuatro.

- De pronto sucede, una idea para decir lo que hay que decir, como hay que decirlo, donde debe decirse, por lo que debe decirse, porque hay que decirlo hoy. Luego de cerrar los ojos, regresa al párrafo uno, el otro le habla con cara de indetenible párrafo cuatro, con la certeza del párrafo dos y la perspectiva del tres, sin el temido cinco y agradecido del seis. Calmadas las palabras caen:

Soy seropositivo al VIH.
La respuesta no se hace esperar:

«Tranquilo amor, yo lo sabía, pero me alegra escucharlo de tus labios».

Otros Títulos

UNOS & OTROS

EDICIONES

TEATRO EN CUBA

Dentro de la historiografía teatral cubana, hasta donde hemos podido revisar, no existe ningún diccionario de autores y obras del teatro en Cuba del siglo XIX, que registre puntualmente los autores que publicaron y pusieron en escena obras de teatro en Cuba o en el extranjero, entre los años de 1800 al 1900. En este sentido, este *Diccionario bio-bibliográfico del teatro en Cuba siglo XIX*, comenzó a gestarse hace unos cuantos años, tras la defensa de la Tesis Doctoral, «El Teatro en Santiago de Cuba (1800-1898). Principales vertientes y líneas temáticas» (2005), de Virginia Bárbara Suárez Piña, (coautora). De inmediato se empezó a ampliar una lista de autores, vino la redacción de fichas, que constituyeron, al cabo de los años, artículos y un amplio catálogo.

En la conformación de este libro, se ha hecho una relación de obras y autores dramáticos, mayoritariamente cubanos y españoles, conjuntamente con otros dramaturgos de diferentes regiones de Latinoamérica y Europa. Hemos reorganizado síntesis biográficas y bibliografía activa de los escritores, sobre la base de documentos literarios publicados y / o inéditos, hallados en los archivos y bibliotecas de Cuba, Italia y las Islas Baleares, entre otras fuentes; además de otros muchos datos extraídos de diversas Bibliotecas y catálogos revisados.

Se relacionan figuras mayores, de gran trascendencia que cultivaron un teatro de calidad estética, y se incluía, un importante número de autores y obras, bien desconocidas o que no habían sido objeto de profundas investigaciones. Ilumina zonas oscuras, espacios de silencio sobre la labor de algunas memorias que, no obstante, contribuyeron al brillo del teatro, y aportaron producciones, que, a la larga, sedimentan y fomentan un clima de creación dentro del panorama escénico de esta centuria. Todo ello, sobre la base de una cultura de la preservación, que busca fortalecer el conocimiento de una tradición que expresa los valores esenciales de nuestra identidad, y al mismo tiempo, mantiene la memoria del pasado, transformado en referencia de la sociedad actual.

UNIÓN & OTROS
EDICIONES

DICCIONARIO BIO-BIBLIOGRÁFICO DEL TEATRO EN CUBA SIGLO XIX

Virginia B. Suárez Piña
José Servera Baño
Graciela Durán Rodríguez

UNIÓN & OTROS
EDICIONES

DRAMATURGAS CUBANAS DEL SIGLO XIX

En *Dramaturgas cubanas del siglo XIX*, sus autores reseñan un tema poco tratado en la literatura cubana: la mujer, en el género teatral. Son cinco autoras conocidas por sus aportes en la poesía, la novela y el periodismo en los finales del siglo XIX y principios del XX en Cuba, pero con escaso reconocimiento en las artes escénicas: Aurelia Castillo de González, Virginia Felicia Auber y Noya, Catalina Rodríguez de Morales, Eva Canel, Pamela Fernández de Londe.

El principal mérito de estas autoras es haber roto con el canon de lo que se consideraba la literatura femenina del momento, es decir: poesía amorosa, demasiado lírica y edulcorada. Para la mujer se reservaba el espacio privado, el hogar, la familia o bien, la vida religiosa en el encierro de un convento. Su marea constituía para ella el mayor tesoro y debía preservarlo a toda costa. Los temas filosóficos, políticos, sociales, estar reservado para el hombre. La mujer vería controlado su intelecto. A pesar de ello, como vemos, en este caso, un grupo de audaz damas escapan al estereotipo y someten a cuestionamiento la realidad cotidiana.

UNIÓN & OTROS
EDICIONES

DRAMATURGAS CUBANAS DEL SIGLO XIX

RAMÓN MUNIZ SARMIENTO
ROXANA MENA FONSECA

UNIÓN & OTROS
EDICIONES

FRANKIE RUIZ
VOLVER A NACER
ROBERT TÉLLEZ
FÉLIX FOJO

UNOS&OTROS
EDICIONES

El autor, en esta tercera y última entrega de la Trilogía de Arsenio Rodríguez, describe en detalle el papel que el genial artista cubano jugó en el advenimiento y desarrollo del mambo, y al mismo tiempo nos cuenta aspectos de la determinante participación del Corsario Negro de la Chambelona en la posterior aparición de la pachanga, el boogaloo y la salsa, relatando pormenores de las actuaciones del reconocido músico en el circuito de los clubes nocturnos neoyorquinos en los que dejó la imborrable huella de su genealogía africana a través de un extenso legado musical que ha permanecido vigente hasta nuestros días por intermedio de sus numerosos intérpretes.

«La obra de Arsenio Rodríguez es el aporte más importante a la música bailable cubana y al son. Arsenio revolucionó el son».

Chucho Valdés

«Cuando hablas de música cubana, tienes que hablar de antes y después de Arsenio Rodríguez».

Eddie Palmieri

«Para mí Arsenio es como un Duke Ellington o un Frank Sinatra en Estados Unidos, y cambia la forma de la música cubana, y para mí el Ciegn Maravilloso es el único».

Larry Harlow

UNOS&OTROS
EDICIONES

ARSENIO RODRÍGUEZ
EL CORSARIO NEGRO
DE LA CHAMBELONA

JAIRO GRIJALBA RUIZ

UNOS&OTROS
EDICIONES

LAS REGLAS DEL JUEGO

FÉLIX J. FOJO
LAS REGLAS DEL JUEGO

Un manuscrito redactado por el personaje central de la novela, justo antes de ser detenido, será lo que buscarán sus captores a toda costa. Mientras el prisionero va recordando su testimonio, suceden muchos acontecimientos paralelos que el desconoce. Pronto, que se enfrenta a una situación muy comprometedora y donde ya han decidido las reglas del juego su muerte.

Magistralmente, Félix Fojo nos invita, en esta ficción no exenta de realidad, a aventurarnos en un laberinto de escándalos silenciados que mantiene la intriga, la incertidumbre y el misterio del destino del cautivo hasta sus últimas páginas.

Pocos libros como este, testimonio con audacia kafkiana la relevancia de un proceso preñado de intriga, donde sobresale en su defecto la violencia, el poder, el chantaje y el miedo. Quien se sumerja en la lectura de cada pliego (carta) podrá constatar con que frontal off Correos retrato la animosidad del proceso histórico sobre los congéneres hijos de la revolución.

Ángel Velázquez

UNO&OTROS
EDICIONES

(lomo) LAS REGLAS DEL JUEGO — FÉLIX J. FOJO

FÉLIX J. FOJO
LAS REGLAS DEL JUEGO

UNO&OTROS
EDICIONES

Félix J. Fojo

La Habana, Cuba, 1946. Es médico, divulgador científico y apasionado de la historia. Exprofesor de la Cátedra de Cirugía de la Universidad de La Habana. Desde hace muchos años reside entre Florida, EEUU. Y Puerto Rico. Es editor de la revista *Galenus*, importante revista para médicos de Puerto Rico.
Ha publicado artículos de opinión y divulgación en diferentes medios periodísticos de EE UU. y Europa.
Entre sus libros publicados: *Casos, leyes raras y otras historias de la Ciencia* (Ed. Palibrio, 2013); *De médicos, poetas, locos... y los otros* (Ed. Palibrio, 2014); *De Venus a Botero* (Ed. Uno&OtrosEdiciones, 2017); *No preguntes por ellas* (Uno&OtrosEdiciones, 2017).

MUERTES OSCURAS

La muerte no siempre llega tan dignamente como nos gustaría. Puede ser, además, que para aquellos que han llevado una vida singular, la muerte es también un evento dignos de atención. Personas famosas como políticos, artistas, místicos, etc.; también mueren en circunstancias oscuras, extrañas, sospechosas, sin explicaciones claras y definidas, o con muchas posibles explicaciones contradictorias, no concordantes y anómalas; así está llena la famosa historia de la medicina que es en más que la historia de la humanidad.
El autor no intenta un libro de paleopatografía, esa especialidad forense relativamente nueva que estudia *in situ*, y con tecnología de avanzada, enterentoá, momias y tumbas esto el fin de diagnosticar, como se haría en un hospital ultramoderno, las más recónditas enfermedades y causas de muerte de los finados que yacen bajo los microscopios y aparatos de resonancia magnética. Sus expectativas son mucho más modestas, pero se alimentan del mismo entusiasmo, por el un poco más lejos en el diagnóstico, la clave médica por excelencia, por ofrecer una nueva visión de ciertos eventos terminales, por ahondar, investigar más allá de la muerte, un detalle o una posible explicación que se ha pasado por alto anteriormente o que pueda tentar a un investigador en ciernes a una pesquisa histórica más detallada.

UNO&OTROS
EDICIONES

(lomo) MUERTES OSCURAS

FÉLIX FOJO
MUERTES OSCURAS

UNA INVESTIGACIÓN
MÁS ALLÁ
DE LA MUERTE

UNO&OTROS
EDICIONES

CUENTOS DE ORICHAS

Llegados a Cuba después de la conquista de América, los orichas africanos se adaptaron a las nuevas condiciones y esperaron el momento oportuno para mostrar sus divinas virtudes y sus humanos defectos a través de las leyendas o patakines. Las breves historias que contiene este libro trascienden el marco litúrgico y sirven de fuente inspiradora al autor quien, habiendo tomado de las legendarias tradiciones afrorreligiosas, también se ha tomado en licencia para recrear los mitos.

MIGUEL SABATER REYES

(La Habana, 1960), Licenciado en Filología en la Facultad de Artes y Letras de la Universidad de La Habana. Ha publicado *Cuentos de Orichas* (Extramuros, 2003), *Flores para una Leyenda* (Boloña-Ediciones Unión, 2005), de la Editorial Unos&Otros los Títulos, *Flores para una Leyenda, Yarini el rey de San Isidro* (2013), *Los últimos días de Jaime Parlagán* (2013), *La Virgen de Regla y Yemayá* (2014).

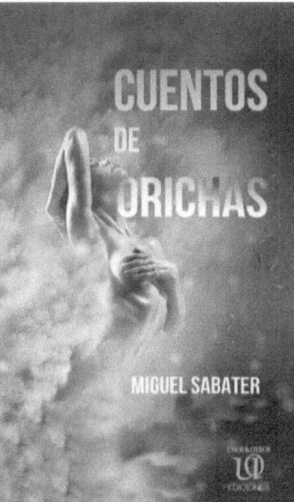

CUENTOS DE ORICHAS

MIGUEL SABATER

HISTORIA DE LA SANTERÍA CUBANA

Historia de la santería cubana, no es un libro más de los muchos que, desde la década de los los 90, se han publicado en Cuba y el resto del mundo sobre el tema. Se trata de un estudio que aborda las formas tradicionales de la santería con las variantes asumidas en la sociedad cubana desde su introducción en la isla hasta nuestros días. Aplicando el análisis que vincula aspectos de diferentes disciplinas como la antropología y la sociología, el autor reflexiona en temas como la instauración del imperio yoruba, el proceso ritual de iniciación personal, el código ético e identitario de la Regla de Ocha, definición de Oricha, orígenes del sistema oracular del Ifá, entre otros, para ofrecernos en estos trece ensayos, una variedad de puntos de vista sobre un fenómeno tan consustancial a la idiosincrasia cubana como son las tradiciones afro- religiosas.

Nelson Aboy Domingo (Cuba, 1948), Lic. Teología, Instituto Superior de Estudios Bíblicos y Teológicos, ha cursado numerosos diplomados en Antropología y Etnología. Sus estudios se han enfocado, principalmente, en las religiones afrocubanas. En este campo destacan títulos como *Nuestra América Negra, Territorio y Voces de la Interculturalidad Afrodescendientes.*

Es miembro de la Unión de Historiadores de Cuba y colaborador de disímiles instituciones culturales. Presidente del Consejo Científico de La Casa Museo de África adjunto a la Oficina del Historiador de la Ciudad de la Habana, Miembro Permanente de The Nacional African Religion Congress Philadelphia, California, EE.UU.

HISTORIA DE LA SANTERÍA CUBANA

NELSON ABOY DOMINGO

HISTORIA DE LA SANTERÍA CUBANA

NELSON ABOY DOMINGO

www.ingramcontent.com/pod-product-compliance
Lightning Source LLC
Chambersburg PA
CBHW020329130626
46549CB00003B/1090